Hetty Draayer · Zu neuen Räumen des Bewußtseins

Hetty Draayer

Zu neuen Räumen des Bewußtseins

Durch meditative Übungen zur Ganzheit

Kösel

Redaktion: Dr. Hildegard Milberg

CIP-Titelaufnahme der Deutschen Bibliothek

Draayer, Hetty:
Zu neuen Räumen des Bewusstseins :
durch meditative Übungen zur Ganzheit /
Hetty Draayer. – München: Kösel, 1989
ISBN 3-466-34233-3

Druck und Bindung: Kösel, Kempten
Umschlag: Elisabeth Petersen, Glonn
Umschlagfoto: Anselm Spring, Landsberg
ISBN 3-466-34233-3

Inhalt

Die längste Reise
ist die Reise nach innen

Dag Hammarskjøld
(in: »Zeichen am Weg«, S. 38)

Vorwort

In meinen drei bisherigen Büchern habe ich, vor allem mit den körperlich, seelisch und geistig wirksamen meditativen Übungen, eine Grundlage gelegt, auf der wir miteinander auf dem inneren Weg weitergehen können.
Wenn wir bereit sind, uns selbst zu erforschen, und uns dabei kundig geholfen wird, unser Bewußtsein zielgerichtet einzusetzen und still zu werden, bereit zum Lernen aneinander und voneinander, dann beginnen wir, die Ganzheit unseres Menschseins zu erfassen. Wir lernen, mit schöpferischen Kräften kreativ umzugehen. Der Körper, so verstehen wir langsam, ist nicht begrenzt, wie wir ihn normalerweise betrachten, sondern ein Teil unseres weiten, multidimensionalen Wesens. Indem wir üben, leer zu werden vom linearen Ego-Denken, bilden wir die in uns angelegten Gaben und Möglichkeiten aus und manifestieren schöpferische Kräfte.
So können wir uns sogar von tödlichen Krankheiten befreien. Wenn wir es fertig bringen, unser Bewußtsein auf die Ganzheit unseres Seins zu richten, erfahren wir Quantensprünge des Bewußtseins, die uns in die Lage versetzen, unser Alltagsbewußtsein immer selbstverständlicher auf Selbstheilung, Telepathie und viele andere, bislang unbekannte und auch ungeahnte schöpferische Kräfte einzustellen.

Durch Auflösen des Denkens wird eine Energie frei, die qualitativ geladen, ungebunden und fließend ist und uns einswerden läßt – heil und heilend. Die Energie selbst ist Liebe.

Rabbi Uri lehrte:
»Der Mensch gleicht einem Baum. Willst du dich vor einen Baum stellen und unablässig spähen, wie er wachse und um wieviel er schon gewachsen sei? Nichts wirst du sehen. Aber pflege ihn allezeit, beschneide, was an ihm untauglich ist, wehre seinen Schädlingen, zu guter Frist wird er groß geworden sein. So der Mensch: Es tut nur not, die Hemmnisse zu bewältigen, auf daß er zu seinem vollen Wuchs gedeihe; aber ungeziemend ist es, allstündlich zu prüfen, um wieviel er schon zugenommen habe.«

(Aus: *Martin Buber*: »Die Erzählungen der Chassidim«. Zürich: Manesse, 1949, S. 613.)

1 Uns selbst kennenlernen

Der Weg, den wir zusammen gehen wollen, ist ein Weg des Bewußtseins, ein Sich-bewußt-Werden.
Über das Bewußtsein ist in unserer Zeit viel geschrieben worden, und ich habe mich gefragt, was ich dazu überhaupt noch beitragen kann. Vielleicht kann ich Sie spüren lassen, daß der gewöhnliche Bewußtseinszustand des Menschen, sein sogenannter Wachzustand, nicht der höchste ist, den er erreichen kann. Tatsächlich gehen wir als Schlafwandler durch die Welt, ohne uns dessen bewußt zu sein.
Der erste oder niedrigste Bewußtseinszustand ist der Schlaf, in dem der Mensch wiederholt Traumphasen durchlebt: Spiegelungen früherer Erfahrungen oder vager Wahrnehmungen des Augenblicks, zum Beispiel der Verkehr auf den Straßen, Geräusche der Nachbarn, Empfindungen, die aus dem Körper stammen, wie Verspannungen und leichtere Schmerzen. Am Morgen ist davon nur noch eine sehr schwache Spur im Gedächtnis zurückgeblieben und häufig gar nichts mehr.
Wenn der Mensch erwacht, arbeitet, spricht, handelt und sich selbst für einbewußtesWesen hält, nennen wir dasden Zustanddes Wachbewußtseins. Aberin Wirklichkeit sind wir ineinem Wach-Schlafbewußtsein. Um wirklich wach zu werden, ist es nötig, daß wir lernen zu

schweigen. Nur im Schweigen können wir in der Tiefe unserer kosmischen Schale anwesend sein und bleiben. Dort verarbeiten wir und dort erwachen wir wirklich zu dem,wasich Sie erfahren lassen möchte.

Wunderbare Räume der Erfahrung und des Bewußtseins werden wir betreten, durch die uns bisher unbekannte Dimensionen zugänglich werden und die uns mit dem Ewigen und Unendlichen verbinden. Dabei lernen wir mit Hilfe des Atmens, das Ego, das kleine Ich, loszulassen in den Raum des wahren Selbst, des großen Ich. Wir erfahren dann, wie das Ego-Denken sich irrtümlich für autonom, auf nichts zurückführbar hält, und daß es für die Aufrechterhaltung dieser Illusion große Mengen kosmischer Energie braucht. Energie, die auf diese Weise von vornherein gebunden ist, kann nicht in andere Kanäle fließen. Diese Illusion eines Ego, unser kleines Ich, hängt unmittelbar mit Zeit und Tod zusammen. Der Denkende, nicht das Bewußtsein, ist dem Tod verfallen.

Der Tod braucht nicht notwendig mit der Auflösung des physischen Körpers einherzugehen. Es gibt auch den *psychischen* Tod, der eintritt, wenn das Bewußtsein mit der sich ständig in Bewegung befindlichen und sich ständig erneuernden Gegenwart Schritt hält, so daß keine Restenergie übrig bleibt oder verfestigt wird. Zusammen mit der Restenergie werden unsere Abneigungen, Projektionen, unverdauten Erfahrungen, Erinnerungen, Begierden, Gewohnheitsmuster, Identifizierungen und Vorstellungsbilder zum denkenden Ich. Die Energie aus vielen solcher, im Laufe der Zeit verhärteten Prozessen, besteht in erstarrter Form auf der persönlichen wie auf der kollektiven Ebene fort – eine Überstruktur, die nur durch das Sterben des kleinen Ich abgebaut werden kann.

In Wirklichkeit ist dieses Sterben des Ego ein Neugeborenwerden: die Geburt des neuen Menschen für die neue Erde, mit der die bisher latenten Kräfte des Menschen erwachen. Dieses Neugeborenwerden erfordert alles, was wir an körperlichen und geistigen Kräften aufbringen, alle unsere Gefühle und Gedanken, alle Selbstdisziplin, intensives Üben und alles getreue Festhalten an unserer Entscheidung, diesen Weg zu gehen, »mit Mut, Vertrauen und gläubiger Geduld« – ein Rat von Graf Dürckheim, der mir dabei immer wieder einfällt.

Mit dem Atmen durch das kosmische Auge lernen wir, aus eigenen Kräften in uns selbst ein neues Sein zu erschaffen, neue Erfahrungen zu gewinnen, neue Einsichten, Kreativität. Wenn wir durch das Atmen vom kosmischen Auge her in tiefere Bewußtseinsschichten gelangen, ist es nicht ungewöhnlich, mit peinlichen Erinnerungen konfrontiert zu werden, die zu Bewußtsein kommen und unser Ego mit solcher Kraft treffen, daß man den Schmerz kaum aushalten kann. Seele und Geist spiegeln sich in unserem Körper.

Wenn wir jedoch von der Tiefe unserer Schale her atmen, bemerken wir, daß Wahrnehmungen, die in einem bestimmten Bewußtseinszustand schmerzhaft und fast unerträglich sind, in einem anderen überhaupt nicht schmerzen und sich sogar lösen.

Vom kosmischen Auge aus entspannen Sie sich, die inneren Räume öffnen sich. Sie werden Ihrer emotionalen Schmerzen, Ihrer Sorgen und Ängste gewahr und assoziieren sie mit der Muskelanspannung.

Ein völlig entspannter Mensch ist nicht besorgt und reagiert nicht mit Schmerzen auf Erinnerungen, die jedoch, wenn sie uns unerwartet und in einem Zustand der Anspannung überfallen, fast unerträglich wären.
Das Ziel ist, unser Selbst kennenzulernen, in all seinen Manifestationen, den angenehmen und unangenehmen, den kreativen und destruktiven. Darum beginnen wir jetzt, unseren Körper in einen Zustand vollständiger Entspannung zu bringen, so daß wir in das Schweigen treten, an nichts denken, und unser Gehirn wird leer.

Übung

Wir legen uns auf den Fußboden, auf unseren Rücken, die Beine etwa 40 cm auseinander. Die Füße fallen entspannt nach außen. Die Zehen weisen nach außen.
Wir spüren, was sich an Spannungen löst. Sogar von unter der Haut des Scheitels lassen, durch die Meridiane, Spannungen nach außen los, bis durch die Zehen und die Tore zwischen den Zehen; wie Bäche, die ausströmen ins kosmische Meer.
Die Fußsohlen öffnen sich. Jede Pore in der Haut der Fußsohlen atmet mit, löst mit.
Wie liegen die Arme und Hände? Entspannt am Körper entlang? Die Innenseiten unserer Hände geöffnet zum Fußboden?
Ist die Wirbelsäule innerlich gerade? Von der Tiefe der Mitte unserer Schale her?
Unser Kopf liegt mit der Wirbelsäule auf derselben Längsachse. Die Augen sind geöffnet.
Jetzt suchen wir in uns die Stelle des kosmischen Auges und erleben es als eine Öffnung zwischen der Welt in

uns, in unserer Beckenschale, und der Welt außerhalb von uns, dem Kosmischen.
Drei Finger von jeder Hand – Zeigefinger, Mittelfinger und Ringfinger – legen wir, mit den Spitzen zueinander, gegen den Schambeinrand, entspannt und losgelassen.
Wir steigen jetzt innerlich ab durch das Sakrum, durch die Haut des Rückens und durch den Fußboden zur Erde, hier unter diesem Raum – ruhig, konzentriert, aufmerksam. Dort liegt unsere Quelle, von der aus wir heil sind, eine Ganzheit zwischen Erde und Himmel.
Diese Öffnung des kosmischen Auges wirkt wie eine Verbindung zwischen unserer Innenwelt und dem Kosmischen. Wir fühlen uns erst in Harmonie, im Gleichgewicht, wenn die Energien in uns in derselben Vibrationsfrequenz strahlen wie die kosmischen Energien in unserer Außenwelt.
Unsere Quelle! Spüren Sie das »Loch« und stellen Sie sich vor, daß wir mit unserem Zeigefinger einen kräftigen Kreis um es herum ziehen. Dann wird die Quelle zum Springbrunnen und strahlt durch alle Organe des Unterbauches, so daß sie warm und entspannt werden, als ob sie sich ausdehnten.
Die Strahlung geht weiter durch die geöffneten Leistentore, durch die Beine und Füße nach außen und 40 cm weiter zum neunten Chakra, unserer eigenen Erde.
Spüren Sie, wie die Haut anfängt, mitzustrahlen. Alle Poren atmen mit dem großen kosmischen Atem mit.
Wir bleiben bewußt an der Stelle des kosmischen Auges, wenn wir von dort empfangend, spüren, wie sich der Zwerchfellmuskel nach unten, in Richtung zum Schambein, ausdehnt. Wir gehen in dieser Bewegung innerlich

mit und spüren, wie sich so eine Schale formt: rundherum bis in den Damm *(Perineum).* Den Boden der Schale bildet dabei die Haut des Beckenbodens, zusammen mit den geöffneten Leistentoren und den Räumen der Hüftgelenke, in denen sich die Kugelgelenke der Oberschenkel drehen.

So atmen wir eine Weile, wach, aufmerksam:

Wir spüren die Wärme, die Energie, den Raum dieser Schale. Vielleicht gibt es Menschen, die dabei das Licht erfahren: Es ist eine Schale des Lichts.

Wir spüren auch das Energiefeld, das von der Schale aus um uns herum entsteht in der Form eines Eis.

Jedesmal, wenn wir so einatmen, tasten wir innerlich den Raum unserer Schale ab. Wir gehen mit in der horizontalen Linie und spüren in der Tiefe des neunten Chakras strahlend seine Energien.

Jetzt legen wir beide Hände auf den Unterbauch, und in der Bewegung des Atmens werden Unterbauch und Hände eins. So werden die Hände Teil der Schale.

Von unserer Schale aus können wir spüren, wie der Ausatem geht: von über unserem Kopf links und rechts um uns herum, wie ein Mantel der Liebe, aber auch innen hindurch:

durch den geöffneten Scheitel,

durch das Segel des Gaumens, durch die Mundhöhle, durch den Raum von Nacken, Hals und Kehle hindurch,

in den Raum des Brustkorbes, zum Gebiet des Sonnengeflechts bis tief in die Schale, zum letzten Steißbeinwirbel und den beiden Vorderseiten der Sitzhöcker

und von dort in drei Strömen durch die Räume von Beinen und Füßen bis zum neunten Chakra.

Wir spüren, daß wir Energie geworden sind. Darum brauchen wir auch nicht besorgt zu sein, daß wir nicht genug Atem bekommen.
Wenn wir in Energie verwandelt sind, gibt es keine Entfernungen mehr. Wir können in einigen Sekunden ein- und ausatmen, aber es geht darum, daß wir es konzentriert, aufmerksam tun und innerlich immer mit den Energie-Strömen mitgehen.
Wir bemerken, daß wir in einer Kreuzform atmen:

- der Einatem, das Horizontal-breit-Werden der Schale, ist dann das Querholz des Kreuzes,
- der Ausatem, vertikal zwischen achtem und neuntem Chakra, das Längsholz des Kreuzes.

Wir atmen so eine Weile und nehmen wahr, was in uns geschieht, was sich ändert...
Wir achten auf den Kreuzpunkt zwischen Ein- und Ausatem im kosmischen Auge.
Wir spüren, wie eine feine Aura entsteht, in dem Moment, in dem das Ego zusammenfällt mit dem wahren Selbst, und wie sie zusammenfließen zu *einer* Energie bis hin zum neunten Chakra, unserer Erde.

2 Krise und Transformation

Wenn ich Sie frage, ob Sie Ihrer selbst bewußt sind, oder wenn ich sage: »Sie sind Ihrer selbst nicht bewußt«, dann wird jeder von Ihnen antworten, sich völlig bewußt zu sein, da er oder sie ja hört und versteht.

Im nächsten Augenblick wird das Bewußtsein dann wieder verschwinden, aber Sie werden sich erinnern an das, was ich fragte und was Sie antworteten, und sicher werden Sie meinen, Sie seien bewußt.

In Wirklichkeit erfordert das Erlangen von Selbstbewußtsein eine lange und harte Arbeit. Dazu ist man erst bereit, wenn man überzeugt ist, weder Selbstbewußtsein zu besitzen noch alles, was damit verbunden ist, wie Einheit, Totalität, Individualität, ein stabiles Ich und einen bewußten Willen. Das Atmen vom kosmischen Auge her hilft uns, unser Denken so zu ordnen, daß Bewußtsein entsteht und zunimmt.

Damit meine ich, daß wir Bewußtsein hervorrufen können, indem wir unsere Gedanken loslassen, mitnehmen in die Tiefe, in das Ausatmen durch den Boden unserer Schale, durch die Räume von den Beinen und Füßen zum neunten Chakra, unserer Erde. Wenn wir das Denken bis ins neunte Chakra loslassen (40 cm unter den Fußsohlen), entsteht in uns Raum für Neues, für neue Energien.

Beim Atmen vom kosmischen Auge her sind wir ohne Grenzen, die Haut ist geöffnet, alle Poren atmen mit dem großen kosmischen Atem mit. Wir wohnen nicht länger in einem Käfig, in dem wir uns ängstigen und der uns krank macht.
Es ist die Praxis der Atmung, die Praxis, sich loszulassen und neu kommen zu lassen, was uns die Sinne schärft, so daß wir uns in uns wahrnehmen, uns an uns selbst erinnern, uns Dimensionen weiter öffnen, bis wir spüren, daß es keine Entfernungen mehr gibt und wir dadurch Bewußtsein erlangen.
So wird das Transformieren des Körpers eine Transformation des Bewußtseins – ein Zustand, in dem wir uns unseres Bewußtseins bewußt sind.
Dies ist eine neue Sichtweise, die andere Perspektiven sieht, ein Paradigma-Wechsel, eine Transformation unseres Welt- und Menschenbildes. Es ist wie ein neues Sehen, ein neues Wahrnehmen von Licht und Klarheit. Teilhard de Chardin sagte so schön, es sei das Ziel der Evolution, stets vollkommenere Augen zu bekommen für eine Welt, in der stets mehr zu sehen ist.
Ein Mensch, der sich seiner selbst nicht bewußt ist, trägt Scheuklappen. Alles was uns in einen Zustand der Achtsamkeit bringt, kann uns transformieren, *wenn wir es nur zulassen*, neue Dimensionen zu erreichen.
Konflikte, Gegensätzlichkeiten, gemischte Gefühle, all dies Ungreifbare, das sich gewöhnlich an den Grenzen des Bewußtseins befindet, kann auf immer höherem Niveau neu geordnet werden. Durch dic Arbeit an mir selbst und durch die Erfahrung in meiner Arbeit mit andern bin ich überzeugt, daß auf diesem Weg immer mehr Menschen imstande sein werden, neue Möglich-

keiten in sich zu entdecken, positiver da zu sein, mehr Freiheit in sich zu erfahren, Gefühle von Verwandtschaft und Einheit zu haben, mehr Kreativität zu entwickeln und wirksamer Streß zu meiden. So werden wir gemeinsam eine Welt schaffen können, die offen ist für Phantasie und für menschliches Wachstum und Miteinander.

Unser Gehirn kann über bestimmte Nervenbahnen in sehr tiefgreifende Bewußtseinsveränderungen versetzt werden. Unser Geist kann lernen, sich selbst und seine eigene Wirklichkeit auf eine Art und Weise zu sehen, die sich selten spontan einstellt. Um uns den Begriff »Geist« etwas näherzubringen, möchte ich zunächst etwas mehr über den Geist sagen:

Das englische Wort für Geist, »Spirit«, ist von dem lateinischen »spiritus« (»Luft«, »Wind«, »Atem«) abgeleitet. Das deutsche Wort »atmen« ist mit dem indischen »Atman« (Geist) verwandt. Wir leben durch die »Inspiration« von Ki, Chi oder Prana und Sauerstoff und durch das Ausatmen von Kohlendioxyd.

Die Seele ist unabhängig vom Körper, obschon Seele und Körper auf verschiedenen Energie-Niveaus zusammenwirken und sich ineinander spiegeln. So sind Chi, Ki oder Prana-Energien unabhängig vom Sauerstoff, aber sie wirken auch zusammen. Beim Einatmen nehmen wir Prana in uns auf und wir machen uns bewußt, daß auch wir selbst, wie alles was uns umgibt, von dieser Energie belebt werden. So ist Prana ein Aspekt und ein Ausdruck des Geistes, so wie Sauerstoff eine Manifestation von Prana ist. In der Dreieinigkeit von Vater, Sohn und Heiligem Geist begegnen wir mit letzterem dem transzendentalen Aspekt des Geistes. Wenn wir bewußt vom kosmischen Auge aus atmen und uns mit unserer Erde und unserem Himmel verbinden, spüren wir, daß bei der Evolution der Energie von einer Bewußtseinsebene zur nächsten der Heilige Geist es ist, der uns in die Ganzheit verwandelt. Wir spüren dann deutlich, daß während einer Erhöhung der Vibrationsfrequenz die Dichte sich vermindert. Die Aura oder das Energiefeld, das den physischen Körper umgibt, strahlt dann feiner und reiner von den Chakras und vom kosmischen Auge her nach außen. Wer schauen kann, spürt eine vergrößerte Energieform, die ganz im Licht ist.

Durch das Loslassen des Egos erneuert und festigt sich unser Geist, und wir identifizieren uns immer mehr mit dem wahren Selbst. Immer deutlicher erfahren wir, wer und was wir sind und was unser Dasein und unser Auftrag im Universum ist. Dadurch vertieft sich nicht allein unsere Beziehung zum Selbst, zu unserem Wesen, das sich im kosmischen Auge spiegelt, sondern auch zum göttlichen Geist. Das Atmen vom kosmischen Auge her und durch es hindurch verbindet unser individuelles Wesen mit der universalen Ganzheit. Es gibt dann keinen Unterschied mehr zwischen den beiden. Diese Einsicht erweitert den Weg für uns und erleichtert die nächste Öffnung.

Die Änderung erscheint nicht länger bedrohlich, sie wirkt fesselnd und bereichert uns. Wahnvorstellungen verschwinden. Wir verzichten auf bestimmte Sicherheiten. Plötzlich ändert sich ein ganzes Muster.

Wir erfahren dies wie eine Spiralbewegung, hin und wieder auch wie ein gewaltiges Erdbeben durch uns hin – alles, was die alte Ordnung unseres Lebens antastet, kann eine Transformation in Gang bringen, eine Bewegung zu mehr Erwachsensein, zu mehr Offenheit und Kraft.

Der Verlust der Arbeit, eine schwere Krankheit, das Sterben des Partners oder eine Ehescheidung, persönliche Spannungen, kollektiver Streß usw. werden dann besser ertragen, positiver, mit mehr Distanz. Wenn wir das Leid, die Spannungen in uns verdrängen, nehmen wir uns selbst die Chance zur Transformation.

Die wirkliche Entfremdung des Menschen in dieser Zeit liegt nicht in der Entfremdung der Gesellschaft, sondern in der Entfremdung des Ich von all seinen – von uns ignorierten – Erfahrungen und Emotionen; das ist es, wodurch wir uns so müde, krank und einsam fühlen. Unser Leiden, unseren Schmerz und unsere Angst gilt es in der richtigen Weise, mit Achtsamkeit, zu betrachten. Es geht darum, durch das Leiden hindurch zu verschiedenen Dimensionen des Selbst hin eine vollkommene Einsicht in uns selbst als Individuum zu gewinnen und eine Verbindung mit anderen zu spüren, als wären sie eins mit uns.

Ein Zusammenleben mit einem Selbst, das universal und elementar ist.

Übung 1

Wir legen uns auf den Fußboden.

Wir spüren Wirbel um Wirbel; einen nach dem anderen behutsam abrollen und innerlich loslassen.

Spüren: Wie liegt jetzt meine Wirbelsäule auf dem Fußboden? Gerade? Vom Scheitelpunkt bis durch den letzten Steißbeinwirbel? Haben Sie das Gefühl: »Jetzt ruhe ich mich wirklich aus« oder: »Ich möchte aufstehen und spazieren gehen«? Wenn Sie darauf selbst spontan geantwortet haben, vergessen Sie meine Frage und regeln Sie den Atem vom kosmischen Auge her.

Übung 2

Sie atmen horizontal breit ein und spüren, wie sich Ihre Schale entfaltet. Die Schale wird zur Kugel heilender Erdekräfte vom kosmischen Auge her über die geöffneten Innenseiten der Beine und Füße zum neunten Chakra. Dann öffnet sich die Mitte der Beine und Füße nach außen hin. Alles transformiert mit in strahlender kosmischer Energie.

Wie unten so oben! Die Energien der Kugel strahlen durch zum achten Chakra. Die Kugel wird zum Ei.

Wenn die Spitze des Eis bis zum achten Chakra reicht, fließt ein Wasserfall von himmlischer Energie wie ein Mantel der Liebe um uns und durch uns hin, durch den Raum unseres Körpers, durch die Räume der Beine und Füße, zum neunten Chakra. So atmen wir fünfmal.

Bewußt gehen wir mit den Energien mit:

im Einatmen horizontal breit und tief zum achten Chakra;

im Ausatmen in der vertikalen Linie zwischen achtem und neuntem Chakra mit voller Aufmerksamkeit beim Kreuzpunkt im kosmischen Auge.

Vom Kreuzpunkt aus, wo das Ego und das wahre Selbst sich vereinigen, bis hin zum neunten Chakra nehmen wir wahr, wie sich unsere Form transformiert und rundherum vergrößert. In dieser Verwandlung lösen sich durch die geöffnete Haut Spannungen, Krämpfe, Stauungen und Verhärtungen. Im Ausatmen lösen alle Poren, was

negativ ist, und im Einatmen nehmen sie neue Energie auf. Aber auch negatives Denken lösen wir: Ängste, Sorgen, Unsicherheit, Ärger, Bösartigkeit, Furcht und Verdruß, Gekränktsein.
Wenn wir spüren, daß wir Energie geworden sind, bemerken wir, daß wir keine Gedanken mehr haben, keine Fragen, keine Wünsche: *wir sind.* Keine Vergangenheit mehr, keine Zukunft, kein Gestern und kein Morgen mehr. Nur ein ewiges Nun. Dann sind wir in der tiefen Stille in uns angekommen, in unserer kosmischen Schale. Kein Zerbrechen und Verteiltsein mehr. Wir sind in der Ganzheit und wir sind uns dessen bewußt. Wir spüren, wie unsere vergrößerte Energieform eins ist mit dem universalen Kraftfeld der Lebensenergie.
Das ist der Beginn einer Verwandlung von Leid und Schwierigkeiten in die Möglichkeit, Gaben und Kreativität neu zu entdecken.
Noch eine Weile die Stille und den Frieden in uns empfinden im ruhigen Atmen und Mitgehen mit den Energien in der Form des atmenden Kreuzes. (Etwa zehn Minuten lang.)
Dann langsam die Augen öffnen und schlucken. Mit geöffneten Augen in sich konzentriert abtasten und nachspüren, was sich geändert hat im Raum unseres Körpers. Ohne nach innen zu fühlen und genau zu spüren, was wir tun, lernen wir unseren Körper nicht kennen.
Dann horizontal ausdehnen mit den Armen und gähnen. Spüren die Verbindung zwischen dem leeren Brustkorb und den leeren Vorfüßen.
Wir atmen nun aus und empfangen die himmlischen Energien aus dem achten Chakra durch uns hin, durch den Mittelkanal und unseren Leitfaden, durch das kos-

mische Auge zum letzten Steißbeinwirbel und zum neunten Chakra. Die Energien strahlen an den Seiten unseres Kopfes vorbei, durch die Schultern hindurch zu den Sitzhöckern und ihren Vorderseiten und weiter durch die Räume der Beine und Füße zum neunten Chakra.

Spüren die Strahlung der Fußknochen zum neunten Chakra, und dann fühlen: von der Tiefe meiner Schale und meiner geöffneten Füße bis zum neunten Chakra her öffnet sich mein Kopf zum achten Chakra. Jetzt erfahre ich meine Ganzheit.

3 Energie und Raum

Auch in diesem, meinem vierten Buch bauen wir Schritt für Schritt weiter daran, zu mehr Gewahrsein zu gelangen, zu mehr Wachsamkeit, zu mehr Bewußtheit in jedem Augenblick, so daß wir lernen, uns selbst tiefer wahrzunehmen und von uns aus auch die Welt anders zu sehen und zu erfahren.
Wir können lernen, uns innerlich und in unserem Handeln auf die Ganzheit auszurichten, und so der unwandelbaren Wirklichkeit immer näherkommen.
Durch das Atmen in Verbindung mit dem kosmischen Auge spüren wir immer mehr, daß zu den höheren Energieebenen hin die Dichte der formgebenden Felder und damit auch die Energiedichte abnimmt. Auf den höchsten Energieebenen ist alles Raum.
Ich möchte Sie dies mit einer einfachen, aber schönen Übung erfahren lassen:

Übung 1

Wir legen uns, in der uns jetzt schon bekannten Weise, auf unseren Rücken.
Wir atmen durch das kosmische Auge konzentriert ein und aus. Innerlich gehen wir mit den Energien mit: horizontal im Einatmen, vertikal im Ausatmen.
Die Beine sind etwas gespreizt, die Füße fallen entspannt nach außen, die Zehen weisen nach außen.

Die Arme liegen locker am Körper entlang, die Hände vollkommen entspannt mit den Innenseiten auf dem Fußboden.
Unsere Augen sind geschlossen.
Wir stellen uns vor, daß unser Zeigefinger länger und länger wird: 20 cm, 30 cm, 50 cm, mehr als ein Meter, zwei Meter lang! Er wird so licht wie Luft und ganz transparent.
Jetzt nehmen wir auch die anderen Finger dazu, einen nach dem anderen, bis alle Finger und die beiden Daumen zwei Meter länger geworden sind.
Dann werden auch unsere Hände länger: immer länger, immer breiter; so lang, bis sie den Himmel berühren können.
Spüren Sie, wie entspannt die Hände jetzt sind? Sie fühlen sich leer und hohl an.
Nehmen Sie diese Leere, das Gefühl der hohlen Hände mit in die Arme, in den ganzen Körper hinein.
Spüren Sie, daß die Haut wie gelöst ist, die Form vergrößert?
Daß das Energiemuster sich geändert, verfeinert hat?
Der ganze Körper ist ein Raum ohne Grenzen: Die Energie in uns ist dieselbe wie die außen. Das Licht in uns ist dasselbe Licht wie das außerhalb von uns. Die Wärme in uns, die Innentemperatur, ist dieselbe wie die von außen. Wir sind eins mit dem Kosmischen.

Übung 2

Der Körper ruht auf dem Fußboden.
Wie liegt unser Kopf, wie der Nacken, die Schultern, die Arme, die Hände?

Wie liegt der breite Teil unseres Rückens auf dem Fußboden? Wie die Schulterblätter und der Raum dazwischen? Wie der schmale Teil des Rückens?
Und unser Gesäß, die Hinterseiten unserer Beine, die Fersenschalen?
Wie sind die Fußsohlen und wie ist es unter und zwischen den Zehen? Strahlen die Zehen aus wie Bäche, die ins kosmische Meer ausströmen?
Wie fühlt sich unser Körper an? Warm oder kalt?
Wir atmen vom kosmischen Auge her ruhig ein und aus, bis ES in uns atmet.
Dann richten wir unsere Aufmerksamkeit auf die Fingerspitzen: Sind sie warm oder kalt? Langsam entsteht dort ein prickelndes Gefühl. Wir sind mit unserer Aufmerksamkeit dabei und strahlen mit dem kosmischen Auge mit, so daß das Prickeln sich ausbreitet zu den Handflächen, bis die ganzen Hände rundherum prickeln.
Jetzt konzentrieren wir uns in derselben Weise auf die Zehen und von dort aus auf die Fußsohlen; dann weiter zu den Füßen, und wenn sie mitprickeln, nehmen wir die Hände und Füße zusammen.
Aufmerksam nehmen wir in uns wahr... Wir bemerken, daß wir in erster Linie ein Energiefeld sind und erst dann ein Körper.
Wir spüren jetzt, daß alle Felder ineinandergreifen, und daß eine Veränderung, die in einem der Felder entsteht, sich auf alle anderen überträgt.
Jetzt fängt der Körper an mitzustrahlen, auch die Beine, das Gesäß, das ganze Becken, usw. Teile, die zunächst nicht mitmachen wollten, öffnen sich, je nachdem, wie treu wir üben und uns auf diese Stellen konzentrieren, bis wir spüren: Mein Körper ist flüssig geworden, Energie.

Die Haut ist nun keine Grenze mehr. Das einzige, was geblieben ist, ist der Kern: das kosmische Auge. Alles andere ist Licht, Kraft, Wärme. Die Schale ist eine Schale des weißen Lichtes geworden.

Übung 3

Wir atmen ein und nehmen wahr, wie unsere Schale sich jetzt tief und weit entfaltet, sich ausdehnt über die Haut hinaus, flüssig und transparent. Genau spüren wir, bis *wie* weit, denn mit dem nächsten Einatem werden wir von dort aus horizontal breiter.
Im Ausatmen strahlen wir senkrecht vom achten Chakra durch bis ins neunte Chakra.
Innerlich strömen wir mit den Energien mit. Wir nehmen bewußt alles, was nicht in uns gehört, durch die Fußsohlen mit nach außen zum neunten Chakra. Wir lösen auch durch alle geöffneten Poren.
Jetzt atmen wir von der Stelle aus, an der wir aufgehört haben, wieder ein: ruhig und aufmerksam, ohne Willen oder Streben.
Wir nehmen wahr, wie sich vom kosmischen Auge her der Heilfaden im Mittelkanal ausbreitet und *damit auch unser Bewußtsein.* Wieder atmen wir aus und lösen durch alle Poren, durch die geöffnete Haut der Fußsohlen zum neunten Chakra hin.
Noch dreimal so ein- und ausatmen. Wir spüren selbst, wie weit wir gehen können.
Bemerken Sie, wie elektrisch die Strahlung des Ausatems ist in dem Augenblick, in dem sie bei uns hereinkommt?
Beim letzten Ausatmen bleiben wir eine Weile und nehmen wach und aufmerksam wahr, wie es in uns ge-

worden ist; wie tief wir gereinigt worden sind. Innerlich abtasten und spüren, bis zu welchen Teilen und Stellen des Körpers die erste Ausstrahlung reichte und bis wohin die nächsten Erweiterungen unserer Schale und unseres Bewußtseins gelangt sind.
Dann zählen wir bis zehn und nehmen uns langsam zurück bis ins kosmische Auge... Wie fühlen wir uns jetzt?
Schlucken, die Augen öffnen, schließen und wieder öffnen.
Wieder spüren: Wie fühle ich mich?
Mit den Armen horizontal ausdehnen und gähnen. Dann ausatmen und mitgehen in der vertikalen Linie durch das kosmische Auge bis ins neunte Chakra. Spüren: die Wellen und wie die Füße wie leuchtende Fächer ausstrahlen.

Hilf den Menschen,
aber mindere nicht ihre Energie,
fühle und lehre sie,
aber achte darauf,
daß ihre Initiative
und ihre Ursprünglichkeit
unversehrt bleiben;
nimm die Anderen in dich auf,
aber schenke ihnen dafür
die volle Göttlichkeit
ihrer Natur.
Wer das kann,
ist Führer und Guru.

Sri Aurobindo (In: »Kaskaden des Lichtes«. Düsseldorf: Patmos, 1986, S. 66.)

4 Offen werden für andere

Wenn wir durch das Atmen und Üben zu mehr Einsicht gelangen, zu mehr Verständnis, Weisheit und Wärme für andere, können wir uns auch leichter anderen Menschen und Bewußtseinsebenen öffnen, selbst dann, wenn sie nicht mit unserer eigenen Sicht der Dinge übereinstimmen. So werden wir weiter, runder und offener, anstatt – beeinflußt von alten Denkmustern und Wirklichkeiten – in selbstgemachten Bildern und Meinungen zu erstarren. So entfalten wir bewußt unsere wahre Natur, lernen wir, unserem Wesen treu zu sein.

Dazu gehört das Öffnen der Energiezentren, der Chakras. Ihrer Frequenz entsprechend nehmen sie Energie auf und können sie auch abgeben. Sie werden dann transparent, durchlässig. Auf diesem inneren Weg beginnen wir mit dem Öffnen des kosmischen Auges, und von dort aus öffnen wir uns gleichzeitig durch die Chakras sowohl zur Erde als auch zum Himmel.

Mit dem Ausatem empfangen wir vom achten Chakra, unserem Himmel, die weißen, himmlischen Energien: von oben her strömen sie in absteigender Folge weiter zu den einzelnen Chakras.

Spirituelle Entwicklung bedeutet das Öffnen aller Energiefrequenzen, bis ein Zustand absoluter Einheit erreicht ist und Licht, Wahrheit und Ganzheit uns erfüllen.

Je mehr wir in uns die Wahrhaftigkeit zulassen und in der Ganzheit leben, um so mehr gelangen wir zur klaren Einsicht in das, was zuvor dunkel, nebelhaft und verworren war. Das hat mit dem Geruchssinn zu tun.
Wir entwickeln uns nur dann weiter, wenn wir uns auf allen Ebenen unseres So-Seins akzeptieren und darauf achten, daß unser Bewußtsein sich zu Wirklichkeiten höherer Frequenz entwickelt.
Darum sage ich auch manchmal: Wenn der Körper sich daran gewöhnt hat, vom kosmischen Auge her in der starken Strahlung zu sein, muß man, solange man in der Entwicklung zur Ganzheit noch nicht stabil ist, darauf achten, daß man seine höhere Ebene behütet und sie nicht mit niedrigen Bewußtseinsebenen mischt.
Dieser Prozeß des Wachsens und Transformierens ist schwer zu verstehen und zu erobern. Es braucht die Hilfe eines spirituellen Lehrers, sonst fallen wir aus der Ganzheit. Wir erfahren dann eine tiefe innere Spaltung: Einerseits möchten wir uns öffnen für die Verwandlung, andererseits beharren wir in der alten Haltung. Dann werden wir krank, manchmal chaotisch, ängstlich.
Gehen wir aber weiter durch das Dunkel hindurch und stoßen alles Negative und Nicht-Ganze aus uns hinaus ins Kosmische, dann wird eine neue Energieganzheit in uns integriert. Darum ist auch das Ausatmen bis ins neunte Chakra so wichtig für uns, wir lassen dort alles Negative los, so daß in den Raum des Körpers, in dem dadurch Energie-Leere entsteht, eine neue Energie-Ganzheit hineinströmt.
So lernen wir, mit Hilfe unseres Atems die Ganzheit auf jeder Bewußtseinsebene zu erfahren und zu leben.

Auf diesem Weg der Evolution eröffnet sich uns die Chance, vom unbewußten Handeln wegzukommen und unverarbeitete Prozesse aus der Vegangenheit und Gegenwart aufzulösen, um ein freier Mensch zu werden: neuer Mensch für die neue Erde, erleuchtet.
Dabei hilft uns die Seele, die das Prinzip der Ganzheit ist. Sie ist es, die uns durch die Prozesse der Involution und Evolution mit der Bewegung des Absoluten verbindet.
In einer Sitzübung werden wir die Ganzheit in uns erfahren:

Übung

Wir sitzen auf unseren Sitzknochen, das Steißbein ist frei. Unser Körpergewicht sollte, leicht nach vorn gekippt, auf den Sitzknochen ruhen. Dann hat Ihre Mittelachse nach vorn etwas Spielraum, Sie benutzen die Beweglichkeit Ihrer Hüftgelenke und fallen nicht mit gekrümmter Wirbelsäule zusammen. Spüren Sie es, bitte, in sich.
Erfahren Sie von Ihrem kosmischen Auge aus den Innenraum Ihrer Beckenschale, bis in und durch die Haut des Beckenbodens und bis in Ihre Sitzhöcker.
Wenn Ihr Körpergewicht auf den Sitzhöckern ruht, können Beckenraum und Leisten offen bleiben. Dann wird auch die Verbindung zwischen Leisten und Becken nicht eingeengt und die Blutzirkulation in den Beinen nicht beeinträchtigt.
Können Sie das nachfühlen? Auf der Stelle anwesend sein!
Ihre Wirbelsäule kann in ihrer geschwungenen Säulenform aufrecht bleiben.

Ihre Schultern werden frei und locker ohne unnötige Kompensationshaltungen, die Verspannungen erzeugen. So wird die Blutzufuhr zu Ihren Armen und Beinen erleichtert.
Ihr Kopf wird so nie vom Körper »abgetrennt« sein, und bei guter Kopfhaltung kann sich die Stimme voll und frei entfalten.
Wenn Sie sich daran gewöhnen, im Alltag immer auf den Sitzhöckern zu sitzen, sind Sie selbst der Stuhl, der immer für Sie da ist, es sei denn, Sie vergessen ihn.
Wenn Sie sich sitzend vorbeugen, sollten Sie stets die Beweglichkeit Ihrer Hüftgelenke benutzen, dadurch erhalten Sie, von den Hüftgelenken aus bis zu den Schultern und zum Kopf, einen freien Oberkörper. Knicken Sie dagegen in den Lendenwirbeln ab, dann wird die freie Bewegung des Zwerchfells, also auch die Atmung, behindert.
Wenn Sie lange Zeit hintereinander sitzen müssen, z.B. auf einer Reise, im Büro oder bei einem Konzert, und dabei bemerken, daß Sie nach einiger Zeit nach vorn zusammensinken, dann haben Sie am Sakrum und am fünften Lendenwirbel zwischen der oberen Beckenkante und den unteren Rippen eine *körpereigene Stuhllehne!*
Spüren Sie jetzt aufmerksam die Verbindung vom fünften Lendenwirbel und Sakrum zu den beiden Sitzhöckern. Wir atmen noch immer vom kosmischen Auge aus.
Jetzt drehen wir uns dreimal im Uhrzeigersinn auf unserem linken Sitzhöcker; dann drehen wir uns dreimal entgegen dem Uhrzeigersinn. Und wir spüren: Was hat sich in uns geändert?

In derselben Weise drehen wir uns noch dreimal im Uhrzeigersinn und dann dreimal entgegengesetzt und summen dabei *Aum* .
Spüren Sie jetzt, daß der Akzent in der Tiefe Ihrer Mitte liegt?
Das Dreieck zwischen dem letzten Steißbeinwirbel und den beiden Sitzhöckern nennen wir das heilige Dreieck. Es bildet ein Tor zwischen unserem Oberkörper und unseren Beinen und Füßen.
Verbinden wir jetzt das kosmische Auge mit den drei Ecken des heiligen Dreiecks, dann entsteht in der Tiefe unserer Schale eine strahlende dreiseitige Pyramide, ein Tetraeder, im weißen Licht.
Wir versuchen, in der Meditation bei diesem Dreieck zu bleiben. Jedesmal, wenn Sie denken, daß Sie müde werden, gehen Sie zum heiligen Dreieck, zu diesem Tetraeder, oder zum fünften Lendenwirbel und dem Sakrum, bis es dort sehr warm und entspannt ausstrahlt. Das Tetraeder im Beckenraum spiegelt sich in jedem Fuß: Die Spitze spiegelt sich auf dem Spann unserer Füße, und von dort geht eine Linie des Dreiecks zu der Unterseite des Fersenknochens, dem Erde-Feuerpunkt, eine andere Linie zum ersten Knochen der kleinen Zehe und die dritte Linie zum ersten Knochen der großen Zehe. Wir lassen diese drei Stellen im neunten Chakra verwurzeln und sind auf jeder der Stellen anwesend. Jetzt wächst aus dem letzten Steißbeinwirbel ein drittes Bein, ein dritter Fuß zwischen dem linken und rechten Bein. Es wächst im weißen Licht zwischen den Füßen und verwurzelt zwischen den beiden Füßen in der Erde. Wir spüren, wie neue himmlische Energien in uns hineinfließen, bis in den Boden des Beckens, und wie neue

Erde-Energien aufsteigen: durch die Räume der Füße und die drei Beine hinauf bis in unsere Schale, zum Sitz unseres Stuhls, dem heiligen Dreieck.
Und weiter hinauf: durch das Steißbein zum Sakrum, durch den fünften Lendenwirbel hindurch zur Bandscheibe zwischen viertem und fünftem Lendenwirbel, der Stütze unseres »Stuhls«.
Von der Bandscheibe zwischen viertem und fünftem Lendenwirbel geht die Stuhllehne bis zum oberen Rand der Hüftgelenke.
Wenn wir uns daran gewöhnen, uns beim Hinsetzen immer auf diesen, unseren persönlichen »Stuhl« niederzulassen, sind wir geöffnet zwischen Erde und Himmel, führen wir ab und empfangen neue Energie.
Sie spüren auch hinten bei den zwei Fersenschalen das Geöffnetsein zwischen Innen- und Außenfersen und die transformierten Fersenknochen mit den Achillesfersen oben und dem Erde-Feuerpunkt unten in der Fußsohle.
Diese Hinterseiten der Fersengelenke spiegeln sich im Hinterkopf, in der Medulla und durch die Nackenwirbel.
Langsam wird die ganze Hinterseite strahlend und eine Einheit. Alles was zerbrochen und verteilt war, ist heil geworden durch den ganzen Raum des Körpers.

5 Von der Einheit aller Dinge

Immer wieder sage ich in meiner Arbeit: Vom kosmischen Auge her sind wir verbunden mit dem Kosmischen, dem Absoluten, mit der absoluten Wirklichkeit, die eine Manifestation des Wesens ist. Wir können uns innerlich, von unserer tiefen Stille aus, auf die Ganzheit richten und so uns dem Absoluten immer weiter annähern.

Manchmal wird mir gesagt: »Nur ab und zu erfahre ich das Einssein mit dem Universum, nur wenn ich in meinem kosmischen Auge bin. Im nächsten Moment sitze ich schon wieder hinter meinem Brustbein oder sogar in meiner Kehle.«

Ich glaube, daß keiner immer vom kosmischen Auge aus atmet und lebt, aber je länger wir üben und darauf achten, um so mehr bemerken wir, daß wir bald wieder in seine Schwingungen kommen. Mehr und mehr lernen wir, die Schwingung der Energien in der Tiefe der Schale, zwischen dem fünften Lendenwirbel und dem letzten Steißbeinwirbel, zu halten.

Auch wenn wir nur einen geringen Teil des inneren Lichts wahrnehmen, spüren wir doch ein Zunehmen des weißen Lichts, der kosmischen Energien. Für diejenigen, die verschärft hören, ist der dazu gehörende Klang wahrnehmbar: hoch, sehr hoch. Es ist keine Dichte mehr vorhanden: Alles ist wie flüssig geworden, ohne Grenzen, alles ist Raum.

Von der Ganzheit her arbeitet unser Geist anders als von den Sinnen her: Unterscheiden und trennen wir in der ersten Wirklichkeit, beim Wahrnehmen mit dem linken und rechten Auge, mit den Sinnen, so bewirkt der Weg des Geistes, daß wir die Einheit aller Dinge sehen.

Der Sinn, den man ersinnen kann,
ist nicht der ewige Sinn.
Der Name, den man nennen kann,
ist nicht der ewige Name.
Jenseits des Nennbaren liegt der Anfang der Welt,
diesseits des Nennbaren liegt die Geburt der Geschöpfe.
Darum führt das Streben nach dem Ewig-Jenseitigen
zum Schauen der Kräfte,
das Streben nach dem Ewig-Diesseitigen
zum Schauen der Räumlichkeit.
Beides hat einen Ursprung und nur verschiedene Namen.
Diese Einheit ist das große Geheimnis;
und des Geheimnisses noch tieferes Geheimnis:
Das ist die Pforte der Offenbarung aller Kräfte.

Laotse, »Tao-te-king«

Das Geheimnis aller Initiation ist: transparent werden zu können. Als menschliche Wesen in Raum und Zeit erfahren wir, wie unser Geist zur Transzendenz ausgreift. Wie werden wir dafür transparent werden können? Graf Dürckheim sagt in seinem Buch »Vom doppelten Ursprung des Menschen« (S. 113):

»Jede Seinserfahrung bedeutet Verwandlung als Auftrag. Die in der Seinserfahrung angelegte und aufgegebene Verwandlung zielt auf die Große *Durchlässigkeit,* auf *Transparenz* für die den Menschen innewohnende *Transzendenz.* Transparenz, das bedeutet die Verfassung, in der der Mensch fähig ist, das seinem Wesen innewohnende überweltliche Sein zu vernehmen und in sich und durch sich offenbar werden zu lassen in seiner Welt. In dieser Transparenz wird der Mensch erst eigentlich Person.«

Im Tao-te-King las ich über das Transzendente:

»Der Erkennende redet nicht,
der Redende erkennt nicht.«

Fast ähnlich heißt es in den Upanishaden:

»Nur wer es nicht erkennt, kennt es.
Wer es erkennt, der weiß es nicht.«

Im Thomas-Evangelium sagt Jesus:

»Ich bin das Licht, das über allem ist.«

Und weiter:

»Das Reich kommt nicht durch Erwartung,
das Reich des Vaters ist über
die ganze Erde ausgebreitet
und die Menschen sehen es nicht.«

Es geht, denke ich, darum, daß wir die Strahlen der universellen Energie offenbaren.
Es geht nicht darum, was wir sprechen, was wir tun, sondern um das, was von uns ausstrahlt.
Einfach: Sein.

6 Integration der vier Welten

Womit beschäftigen wir uns, wenn wir in den Übungen und in der Meditation nach innen kehren?
Wir versuchen, in uns vier Welten zusammenzubringen, um auf diesem Weg mit Hilfe unserer verschärften Sinne und mit Hilfe des kosmischen Auges ein klares Bild zu erlangen.
Die erste Welt ist die des Sichtbaren: das Materielle. Die zweite Welt ist die Welt von Seele und Geist. Und wir lernen, unseren Körper in einer Weise zu bewohnen und zu reinigen, daß er zu einem Spiegel von Seele und Geist wird. Die dritte Welt erschließt sich uns durch das Atmen vom kosmischen Auge her. In ihr herrscht Liebe in der Form unkonditionierter Energie, das heißt: die Liebe entfaltet sich in Freiheit, unbegrenzt.
Das kosmische Auge ist ein Mysterium, das früher verschwiegen wurde. Erst im gegenwärtigen Stadium der Evolution lernt die Menschheit – durch die Erfahrung des Wahrnehmens mit verschärften Sinnen in einer oder mehreren Welten ohne Form – dieses Geheimnis kennen.
Denken wir jetzt an unseren eigenen Körper, der beim Ein- und Ausatmen ohne Form wird: Die Haut ist keine Grenze mehr, es gibt keine Entfernung mehr.
Die dritte Welt kann durch das kosmische Auge in der sichtbaren, materiellen ersten Welt nur mit Hilfe der

zweiten Welt, der Welt von Körper, Seele und Geist, hervorbrechen.

Ist dieser Durchbruch geschehen, dann manifestiert sich in dieser sichtbaren Welt, von der Liebe her, die dritte Welt, und wir erfahren das Wunder, geheilt zu werden und heilend für andere da sein zu dürfen. Dies alles ist nur möglich, wenn die drei Welten miteinander integriert sind zu einer vierten Welt: der Welt des Absoluten, der Welt Gottes. Diese Liebe für die anderen, für alles, was ist, kann nur in eine Seele hineinkommen, die leer ist vom Ego-Denken und von jeder Form des Egoismus, leer durch das Üben, durch Loslassen in der Ausatmung und schließlich und wesentlich durch die Transformation.

Was verstehen wir unter Transformation? Zweierlei geht dabei, meine ich, zusammen: eine sich vertiefende Empfindungsfähigkeit im Einfühlen, Mitfühlen, Durchfühlen und Zurückfühlen und ein immer stärkeres Bewußtwerden der Energien, mit denen wir umzugehen lernen.

Ferner gehört dazu, daß unsere Kreativität zunimmt, und zwar durch verschärftes Wahrnehmen, durch tiefere Einsicht in das Wesentliche wie auch durch unseren Willen, diesen inneren Weg in Niedrigkeit und Demut zu gehen; eine Haltung, die sich spontan einstellt, wenn wir uns als Instrument mit etwas viel Größerem als uns selbst verbunden wissen.

Die Demut, mit der wir innerlich akzeptieren, in Bescheidenheit da zu sein, ist notwendig, wenn wir uns dafür entscheiden, eingeweiht zu werden in diese Macht der Liebe, die ohne Egoismus ist.

Kurz zusammengefaßt: Transformation bringt vier Welten in uns zusammen:

die Welt des Sichtbaren,
die Welt von Körper, Seele und Geist
als einer Einheit,
die Welt unbegrenzter Liebe und
die Welt des Absoluten: Gott.

Wir selbst wirken daran mit, indem wir bewußt atmen, wach in jedem Ein- und Ausatmen, so daß wir den Atem jeweils zu der Stelle hin lenken können, an der er benötigt wird.
Nicht darauf zu achten, nicht wach zu sein, trennt uns von Gott. Versuchen Sie einmal, zwischen Ein- und Ausatmen eine Pause (bis Zwei zählen) einzulegen und dies etwa zehn Minuten lang zu üben. Das schärft unsere Achtsamkeit und wirkt tiefer durch uns hindurch, und unser inneres Leben und Erleben werden intensiver.
Wir werden uns der Änderung in uns vom Einatmen zum Ausatmen bewußt, vom Horizontalen in uns zum Vertikalen durch uns hin: Da liegt der »absolute Moment«, in dem unsere persönliche Identität sich verbindet mit dem Kosmischen, mit Gott, wodurch Freiheit entsteht. Wir lernen, im Leben auf der Erde zu funktionieren ohne unsere eigene innere Freiheit dabei zu verlieren. Das erfahren wir so:
Äußerlich sind wir bei den Menschen, innerlich sind wir bei Gott.
In unserer Arbeit mit Menschen gilt immer mehr: Innen ist Außen, Außen ist Innen.
Was wir an Energie abgeben, fließt, wenn wir geöffnet sind zwischen Erde und Himmel, unaufhörlich neu in uns hinein.

In Acht nehmen müssen wir uns vor dem, was uns fernhält von dieser Verbindung mit Gott.
Wir werden uns des Verlustes unseres Egos bewußt. Dafür werden wir mit Liebe und Wärme gefüllt.
Das Leben aus dem wahren Sein bringt unbegrenzte Freude und Dankbarkeit, wir empfangen so viel mehr, als wir losgelassen haben.
Die Leere, die nötig ist, um alles Negative in uns loszulassen, so daß Neues in uns hineinkommen kann, ermöglicht es uns, zu verstehen, zu vergeben und neu anzufangen.
Diese Leere, die totale Übergabe verlangt, scheidet die Welten von Licht und Dunkel in uns.
Wenn wir immer direkt verbunden sind mit dem kosmischen Auge, der Spiegelung unseres Wesens, sind wir auch in direkter Verbindung mit

Gott,
dem Vater im Himmel,
der Mutter, der Erde,
dem Christus in uns, dem Sohn,
dem Heiligen Geist.

Das weiße Christuslicht hält die Kräfte der Finsternis fern von uns. Darum hütet euch vor Erschöpfung, weil sonst unsere schützende Aura zu dünn wird und Dunkles bei uns hineinkommen kann. Kennt euch selbst, kennt eure Grenzen!

Übung

Wir sitzen in Meditationshaltung.
Arme lockern, Hände mit den Handflächen nach oben in unserem Schoß oder auf den Oberschenkeln.

Wir atmen vom kosmischen Auge her ein, spüren, daß wir rundherum rund werden.

Wir nehmen wahr:
die Haut des Beckenbodens,
die geöffneten Leistentore,
die Tassen der Hüftgelenke.
Alles wird Energie.

Diese weiße kosmische Energie strahlt weiter und nimmt in der Transformation die Räume der Beine und Füße mit, zum neunten Chakra hin. So entsteht die Kugel von heilenden Erdekräften zwischen kosmischem Auge und neuntem Chakra und zurück zwischen neuntem Chakra und kosmischem Auge.
Wie unten, so oben: Die Kugel der Erdekräfte strahlt aus nach oben, und die Energien werden zu einer Eiform, deren obere Rundung bis ins achte Chakra reicht.
Und dann kommt im Ausatmen – wie eine Dusche – der Wasserfall des Lichts: um uns herum wie ein Mantel der Liebe und durch uns hin, den Raum des Körpers öffnend und reinigend, und er bringt uns das weiße, heilende Licht bis hin ins neunte Chakra.
Immer mitgehen mit den Energien, immer mehr spüren, wie Ihr Körper eine Energieform wird, strahlend im weißen Licht. Denken Sie nicht: Das alles kann ich nicht in einem Einatem. Vergessen Sie nicht: Sie sind Energie geworden, es gibt keine Entfernungen mehr, und die kosmischen Energien, die mitwirken, sind stark. Unser Körper ist gehorsam und genießt die Befreiung von Spannungen und Krämpfen, von Taub- und Abgeschlossensein. So ist es auch beim Ausatmen, der vertikalen Linie zwischen achtem und neuntem Chakra.

Bringen Sie einen Rhythmus in Ihr Atmen.
Spüren Sie: Mein kosmisches Auge ist geöffnet, es ist ein Loch, und auch das Stirnauge öffnet sich mit; die beiden sind seit Urzeiten verbunden.
Sehen Sie jetzt durch den Raum gerade unter den Brauen, durch die Brauen und eben über den Brauen *innen hindurch* zum kosmischen Auge; etwas verweilen.
Dann vom kosmischen Auge *innen hindurch* zum Stirnauge.
Denken Sie nicht an sich selbst, Ihren Körper, Ihr Gesicht, wie Sie sich selbst im Spiegel sehen.
Langsam erfahren Sie sich ohne Grenzen, aber aufrecht, rund, kräftig, wie einen Baum, und in der Mitte des Baumes sehen wir einen Strom weißen Lichts, einen glänzenden Faden, der weit über uns hinaus ausstrahlt und uns füllt bis in die Füße, die Beine, in den Rumpf, in die Arme, Hände, den Nacken und den Kopf.
Dann verschmelzen die einzelnen Teile in Energie: wir sind eine Eiform von Licht. Ohne Grenzen. Friede und Harmonie stellen sich ein.
Noch immer sind wir in unserem Baum des Lichts. Wiederum verbinden wir innen hindurch unser Stirnauge mit dem kosmischen Auge. Wir nehmen ruhig wahr, fühlen und erfahren, was sich ändert.
Jetzt verbinden wir unser kosmisches Auge mit dem heiligen Dreieck: dem letzten Steißbeinwirbel und den Vorderseiten der Sitzhöcker. Wir spüren deutlich die starken Wurzeln, die durch die Beine und Füße zum neunten Chakra hin wachsen.
Gehen Sie in den Energieströmen mit. Dann werden Sie bemerken, daß Ihre Füße von der Tiefe her alte Spannungen lösen.

Je mehr wir in der Erde verwurzelt sind, desto deutlicher erfahren wir die zurückfließenden Ströme und das Öffnen der Krone über unserem Kopf.
Nehmen Sie alles, was in Ihnen geschieht, ruhig wahr, aber immer vom kosmischen Auge und von Ihrem heiligen Dreieck her. Wer keine Transformation im weißen Licht wahrnehmen kann, spürt die verfeinerte Energie, die Strahlung.
Wir identifizieren uns nicht mehr mit unserem physischen Körper, sondern von unserer Quelle, unserem Wesen her, sind wir eins mit der großen Quelle, die wir Gott nennen.
Wer sich der Wirbelsäule bewußt ist, der ist gerade und direkt in allem, was er denkt, tut, spricht und *ist*.

Meditation

Wir regulieren unseren Atem, indem wir uns des Atemvorgangs bewußt werden und ihn rhythmisieren und indem wir darauf achten, wie er kommt und geht.
Durch das Lösen in der Ausatmung und die Regulierung des Atems verschiebt sich die Sensibilität der Haut in die tieferen Regionen unserer inneren Welt. Zugleich werden wir unempfindlicher gegen die Reize der Umwelt. So fließt die psychische Energie nicht mehr von innen nach außen, sondern sammelt sich, aus der Außenwelt kommend, in unserem Inneren.
In Verbindung mit dem kosmischen Auge spüren und durchforschen wir den Raum des Körpers nach Spannungen. Wir beginnen beim Schädel:

Wie liegt die Kopfhaut über unserem Schädel?
Ist unsere Stirn entspannt?
Die Haut gerunzelt oder glatt?
Wie fühlen sich die Augenlider an?
Die Wangen sollen wie herabfallende
schwere Wandteppiche sein.
Die Lippen liegen locker aufeinander.
Unsere Zunge liegt gelöst in der Schale
des Unterkiefers.

Gibt es keine Verhärtungen in den Halsmuskeln? Sie geben nämlich Widerstand und Abwehr gegen den Kontakt mit dem Du, und es kann eine Trennung geben zwischen den Energien im Rumpf und im Kopf. Wir brauchen dort Lösung.
Innerlich lassen wir die Schultern los, die Arme, die Hände, die Finger und Fingerspitzen, die Schulterblätter, den ganzen Teil des Rückens, so daß keine falschen Spannungen eine Barriere entstehen lassen zwischen dem unteren und dem oberen Bereich unseres Körpers.
Das Becken hinten ruht schwer auf dem Fußboden und ist wie ein geöffnetes Tor zwischen den Hüftgelenken, so daß sich auch alle Spannung aus der Brust, die durch Atmen zu weit oben entsteht, durch das Becken lösen kann. Ober- und Unterschenkel sind wie hohle Bäume.
Die Energieströme strahlen weiter durch die Räume der Füße, der Zehen und der Zehenspitzen nach außen zum neunten Chakra...
Jetzt atmen wir ein und sehen mit dem rechten Auge nach links bis zur Außenecke des linken Auges... Beim Ausatmen sehen die beiden Augen mit den Energien mit,

bis zwischen den beiden kleinen linken Zehen hindurch nach außen.
Wir atmen wieder ein und sehen jetzt von links her mit den beiden Augen zur Außenecke des rechten Auges...
Dann atmen wir aus und gehen mit den Energien mit, zwischen den beiden rechten kleinen Zehen nach außen, zum neunten Chakra. Beides wiederholen wir sieben x sieben Mal.
Dann richten wir die Augen, jedes wieder an seiner eigenen Stelle, auf das dritte Auge. Da strahlt das Licht, und mitten in dem Licht strahlt eine glänzende blaue Perle.
Wir atmen ruhig ein und aus und bleiben noch drei Minuten bis eine halbe Stunde so sitzen und erfahren, wie die blaue Perle, strahlend im Licht, erst den Raum unseres Kopfes in Energie transformiert und wie dann, in Verbindung mit dem kosmischen Auge, langsam der ganze Körper verwandelt wird. Ein großes Energiefeld entsteht um uns herum, wie ein riesiges leuchtendes Ei. Diese Strahlung ist heilend. Jede Zelle wird aufgeladen. Unser Körper muß sich erst daran gewöhnen; so beginnen wir mit nur einigen Minuten in dieser Strahlung und steigern langsam die Dauer.
Wir kommen zurück, indem wir langsam bis fünf zählen und schlucken, die Augen öffnen, schließen und wieder öffnen. Wir müßten uns dann hellwach fühlen, vollkommen entspannt und besser als je zuvor.

7 Warum wir üben

Aus den Veden:

Gott, der eins ist,
verborgen in der Tiefe eines jeden Wesens,
Er ist die Seele von allem.
Er ist Herrscher und Ordner allen Geschehens.
Er ist Wohnsitz von allem
und Er ist Zeuge von allem.

Er ist der Ursprung allen Bewußtseins,
(doch) ist Er ohne Namen
und ohne Eigenschaften.
Er ist der Zeitlose
und auch die Seele jeder individuellen Existenz
(im Bereich der Materie wie des Lebendigen).
Er ist der Eine,
der aus einem Samen Vielfalt entstehen läßt.

Die seine Existenz
in der Tiefe des eigenen Intellekts
wahrzunehmen vermögen,
denen
wird das ewige Glück zuteil,
und keinen anderen.

Er ist ohne Teil
und ohne Tat
Er ist ohne Falsch
und ohne Bindung.

Er ist die Brücke zur Freiheit,
Er ist der Friedfertige,
das Feuer ohne Nahrung.
Er ist ohne Namen,
Er strahlt in seinem Glanz.

Kummer und Sorgen ein Ende zu bereiten,
ohne Ihn zu kennen,
das ist wie der Versuch
den Himmel mit Riemen zu binden.
(Das heißt, daß alles Leid nur durch
Gotterkenntnis ein Ende finden kann.)

Wenn wir im Raum unseres Körpers zerrissen und geteilt sind, dann sind unsere persönlichen heilenden Kräfte schwächer, weil unsere Energien nicht vereint sind vom kosmischen Auge her. Es fühlt sich an, als ob sie sich als Brocken in unserem Magen und Sonnengeflecht herumwälzen und in Milz und Leber brennen. Wir sind dann aus der Einheit herausgefallen. Im Atmen möchte ich Sie erfahren lassen:
Wir sitzen auf unserem Hocker, wie wir es inzwischen gewohnt sind.
Wir atmen durch das kosmische Auge ein, wir entfalten die Schale rundherum und wir spüren, wie die Schale zur Kugel von heilenden, strahlenden Erdekräften wird; vom kosmischen Auge zum neunten Chakra und zurück.

Durch die sich ausbreitende Energie wird die Form der Kugel in eine Eiform verwandelt, bis hinauf ins achte Chakra.
In dem Augenblick, in dem die obere Eirundung das achte Chakra erreicht, strahlt in der Ausatmung ein Wasserfall himmlischer Energien durch uns hin und um uns herum.
Bleiben wir jetzt bei den Energien, die in der Ausatmung durch uns hin strahlen, dann werden wir bemerken, daß besonders die Sushumna, der mitten durch die Wirbelsäule verlaufende Energiekanal (Nadi), für diese Energien empfindlich ist: ein »Faden«, mit den Augen nicht wahrnehmbar.
Diesen »Nadi« können wir deutlicher spüren, wenn wir uns jetzt vorstellen, daß unser Kopf an einem seidenen Faden in einer unserer Lieblingsfarben hängt. Dieser Faden bekommt eine Strahlung vom achten Chakra und durch diesen Leitfaden strahlen die himmlischen Energien durch uns hin bis ins neunte Chakra, unsere Erde, und so hilft er uns, heil zu sein: eine Einheit in uns.
Dieser Faden der Sushumna verbindet Himmel und Erde, achtes und neuntes Chakra und ist sehr empfindlich für die feinen Energiewellen. So wird die Verbindung zwischen unserem Gehirn und allen Organen hergestellt.
Zwar ist der Heil- und Leitfaden nicht abhängig von der Wirbelsäule, aber eine natürliche, aufrechte Wirbelsäule unterstützt eine harmonische Verbindung zwischen den Energiestrahlungen der Erde und des Himmels.
Auf der ätherischen Ebene arbeitet dieser Heilfaden parallel mit den Chakras, die Energie von der Basis der Wirbelsäule aufnehmen, sie transformieren und über den

Scheitel hinaus zum achten Chakra weiterleiten und wieder zurück bis ins neunte Chakra, unsere Erde. Der Heilfaden der Sushumna nimmt auch die beiden Seitenkanäle, Ida und Pingala, mit. In der Akupunktur wird er der »Heilkanal« genannt, das »Lenkergefäß« oder auch der »Gouverneur-Meridian«, der mit der Mittellinie der Körpervorderseite, dem Konzeptions-Meridian, eine Einheit bildet: die Hinterseiten der Wirbel und ihr Gebiet und die Vorderseiten der Wirbel mit allen sakralen Räumen.

Das freie Durchstrahlen dieser beiden Meridiane mit ihren Gebieten wirkt auf die Energien, die uns heilen, und daneben öffnet es uns für ein universales Bewußtsein. Es schützt uns durch die starke Aura, die von uns ausstrahlt, wenn wir eine Einheit in uns sind. Wir werden uns unserer Gaben und Möglichkeiten bewußt und lernen, sie zu gebrauchen. Wir werden gesund, lebendig, vital, und unser Selbstvertrauen nimmt zu.

Je mehr sich der Kanal in uns öffnet und im Alltag und auch nachts in unser Schlafbewußtsein strahlt, um so mehr öffnen sich höhere Bewußtseinsebenen in uns und um so mehr geht unsere spirituelle Entwicklung voran.

Der Heilkanal ist auch unser Leitfaden: er führt uns einen geraden Weg entlang. In dem Augenblick, in dem wir nach einem Seitenweg suchen, weil wir denken, was vor uns liegt sei zu schwer für uns, wird der Faden kälter und strahlt weniger, und aus Angst, daß er zerrissen wird, tun wir, was wir zu tun haben.

Durch die verstärkte Energie geht es dann viel leichter, so daß wir nicht verstehen können, warum es uns anfangs zu schwer war. Das regelmäßige Üben braucht es im Grunde überhaupt nur, weil es uns so schwer fällt zu lernen, Tag und Nacht

- zu leben und zu sein vom kosmischen Auge her;
- den Leit- oder Heilfaden immer zwischen achtem und neuntem Chakra ausstrahlen zu lassen;
- durch die rechte Schulter immer die kosmischen Sonnenenergien aufzunehmen und wie durch eine Schleuse weiterzuleiten: durch die rechte Hälfte, durch die Mitte, durch die linke Hälfte, durch die linke Seite ins Kosmische hinein, damit alles Negative abgeführt werden kann.

Weil wir aber immer wieder aus der Tiefe hochkommen und emotional denken und reagieren, bei allem Negativen, was wir bei der Arbeit von anderen übernehmen, müssen wir wieder loslassen und leer werden von Dunklem, um neue Energien empfangen zu können. Das geschieht durch unser Üben.

8 Widerstand und Erleuchtung

Wenn wir vom Sonnengeflecht, vom Emotionalen aus atmen und leben, begegnen wir manchmal Unregelmäßigkeiten im Milz- und Magenmeridian und im Herz-Meridian; manchmal sind dann auch Blase und Nieren unruhig, und es herrscht im Körper ein Mangel an Gleichgewicht. Auch kann die Verdauung gestört sein, was man an den drei Paaren der Verdauungspunkte erfährt:

- Ein Paar befindet sich mitten zwischen Ohr und Schlüsselbein an der rechten und linken Halsseite (auch ein Punkt der Schwermut).
- Ein weiteres Paar befindet sich an der Innenseite der Oberschenkel, ungefähr in der Mitte.
- Das dritte Paar bilden die beiden Punkte der »Meister des Blutes» im Schienbein, jeweils etwa eine Zeigefingerlänge über den Innenfersenknöcheln.

Wenn die drei Paare der Verdauungspunkte durchströmt und miteinander verbunden sind, fühlen wir uns heil, in der Ganzheit. In dem Augenblick, in dem wir den Akzent tiefer in uns hinein, ins kosmische Auge, gelegt haben, sind alle genannten Unregelmäßigkeiten verschwunden.

Dann sind das Sonnengeflecht und das Gebiet des mystischen Herzens von kosmischen Energien durchstrahlt. Widerstände lösen sich. In uns entsteht die höchste Stufe

des Bewußtseins. Es gibt dann keine Abtrennung, keine Unterschiede mehr, die Haut ist keine Grenze mehr. Da ist nur Sein im Hier und Jetzt.
Wir suchen dann auch nicht mehr nach anderen Wegen, wie Menschen das manchmal tun, indem sie dauernd irgendwo anders suchen, außer in sich selbst – immer wieder weg von der einzigartigen Erfahrung im Jetzt, die der Schlüssel zur Totalität ist.
Wenn wir im Stehen, Sitzen, Liegen und Handeln vom kosmischen Auge her da sind, sind wir eine Einheit, sind wir im Tao: Yin und Yang sind eins, und wir akzeptieren völlig unser Leben im Hier und Jetzt. Dann sind wir in der Anwesenheit Gottes, im Licht.
Kehrt die Rebellion gegen eine oder mehrere Seiten unseres Lebens zurück, oder gibt es eine Erfahrung der Ganzheit, gegen die wir aktiv Widerstand leisten, auch wenn wir das nicht aussprechen, dann ist eben dieser Aspekt der Schlüssel zur Erleuchtung.
Nehmen wir den Widerstand wahr, dann werden wir uns dessen, was dort unbewußt lebt, z.B. Angst, deren Schatten von uns als schädlich für unser Ideal-Ich erfahren wird, bewußt. (Das Ideal-Ich geht zusammen mit dem Atmen und Sein vom Sonnengeflecht aus, das Verbundensein mit dem Wesen mit dem Atmen und Sein vom kosmischen Auge her.)
Der Widerstand ist dann Teil des Schattens geworden und drückt sich als Symptom aus, z.B. als Angst, Hochmut, Unwahrhaftigkeit oder jedes andere negative Gefühl. Diese Form des Widerstandes wird in derselben Weise bearbeitet wie zuvor unser Schatten. Dann widersetzen wir uns jedem Menschen, auf den wir unsere Schatten projizieren können (wieder derselbe Wider-

stand). Sind wir in diesem Widerstand gefangen, dann sind wir uns dessen nicht bewußt.
Wir meinen nicht, depressiv zu sein oder zu leiden. Aber das ist nur teilweise so, denn unser Schatten läßt uns gern leiden. Ohne uns dessen bewußt zu sein, stehen wir Schmerzen aus, die wir nicht verhüten oder anhalten können.
Erst wenn wir unseren Widerstand wahrzunehmen und zu verstehen lernen, durchschauen wir den Widerstand unserem Schatten gegenüber, die Facetten des Ichs gegenüber unserem Selbst. Erst wenn es uns gelingt, damit Kontakt aufzunehmen, ohne uns dabei zu verschließen, gelangen wir zu einem wahren und akzeptablen Selbstbild, das wir auch annehmen können. Wir können uns dann frei und ohne den früheren Widerstand im Heute und in der Zukunft bewegen.

Übung

Immer vom kosmischen Auge her in Verbindung mit unserer Erde und unserem Himmel, ist es sehr hilfreich, in der Spiegelung an unserem Körper die Stelle in der Mitte unserer Waden aufzusuchen, wo der Wadenmuskel nach innen und die Achillessehne nach außen zur Achillesferse hin geht (Punkt 57 auf dem Blasenmeridian).
Wenn wir dort tief und breit hineingehen mit unserer Aufmerksamkeit, bemerken wir, daß es keine Grenzen gibt zwischen Yin und Yang, zwischen links und rechts. Wir sind dann in der Ganzheit, im Tao. Es gibt keine Vergangenheit mehr, auch keine Zukunft. Wir leben in diesem Moment, im Nun, und alle Schmerzen sind verschwunden. Wir sind in der Tiefe, wo wir hingehören.

Wir können das noch stärken, wenn wir in derselben Weise in die Achillesfersen hineingehen, tief und breit. Alle Strahlung aus den Wadenpunkten strömt weiter zu den Achillesfersen: sie werden zum strahlenden Tor zwischen den Innen- und Außenfersenknöcheln und nehmen die Füße in ihrer Strahlung mit, und langsam folgt der ganze Körper von hinten durch die Mitte nach vorn ins weiße Licht, ins Kosmische hinein.

Meditation

Noch einen anderen Widerstand gegen die Einheit des Egos mit dem großen Selbst gibt es: das ist der Widerstand des Egos selbst. Jede Bewußtseinsebene hat eigene Widerstände. So stoßen wir hier auf den Widerstand gegen den Denkprozeß auf dem Weg zum direkten Hier und Jetzt, auf der Flucht davor, sich des Jetzt bewußt zu werden.

Zusammengefaßt:

- Der erste Widerstand ist der Widerstand gegen den Schatten, er verhindert die Entdeckung und das Entfalten des wahren Ich.
- Der zweite Widerstand ist der gegen das Ego, gegen den Denkprozeß, gegen das Bewußtsein des Hier und Jetzt. Er ist der Ausgangspunkt für die meisten Krankheitsfälle. Er wirkt in der Zeit: Wir tasten die Vergangenheit ab und wir spüren Druck, wenn wir an die Zukunft denken.
- Der dritte, hauptsächliche und tiefste Widerstand ist der gegen das Einheitsbewußtsein, das Einssein mit Gott, mit der Einheit in uns.

Aus meiner Praxis mit einzelnen und in Gruppen weiß

ich, daß es in den tiefen Meditations-Übungen, den Transformationsübungen ist, daß dieser tiefe Widerstand an die Oberfläche unseres Bewußtseins kommt. Dadurch gelangen wir zu der Einsicht, daß wir uns ein Einheitsbewußtsein eigentlich nicht wünschen!

Erst dann können wir den Widerstand angehen und ausräumen. Aufs neue erfahren wir dabei das Wunder des kosmischen Auges: von dort aus machen die Energien einfach jeden Widerstand rückgängig. Das Dunkle wird in Licht verwandelt, und je nachdem, wie wir versuchen zu leben, zu *sein*, werden die Widerstände von der kosmischen Schale aus sichtbar. Letzten Endes werden die Widerstände durch stetige Rückkehr zum kosmischen Auge abgebaut.

Wenn ich sage: Die Widerstände werden für uns sichtbar, muß es eigentlich heißen: sie werden fühlbar! Es sind ja die Brocken, die drücken und sich krümmen, die Brocken der nicht gebündelten Energien hinter dem Brustbein und im Magen!

Es sind die enormen Kräfte des weißen Lichts, des Christuslichts, die bei uns durch das kosmische Auge hineinfließen und uns helfen, uns hinzugeben: »Dein Wille geschehe«. In dieser Hingabe löst sich unser Widerstand.

Wenn ich das sage, klingt es so einfach, als würde das von einem Tag auf den anderen an uns geschehen. So ist es aber nicht! Schritt für Schritt müssen wir es in uns erobern, und manchmal müssen wir einen Schritt zurück, bevor wir wieder weitergehen können.

Indem wir aber den Weg gehen, bemerken wir, wie wir von Erde und Himmel getragen und gestützt werden. So deutlich erfahren wir es, daß dieses Gehen mehr und mehr den größten Wert in unserem Leben bekommt.

9 Schlaf und Erwachen

In diesem Buch wird deutlich, daß der gewöhnliche Bewußtseinszustand des Menschen, sein sogenannter Wachzustand, nicht das höchste ihm mögliche Bewußtseinsniveau darstellt. In der Tat ist dieser Zustand weit vom wirklichen Erwachen entfernt, man kann ihn eher als einen wachen Schlaf bezeichnen. Wer sich das bewußt gemacht hat, hungert nach dem wirklichen Erwachen, nach dem vollen Bewußtsein.

Der Mensch, der von seinem »wachen Schlaf« aus lebt, sieht mit seinem linken Auge, dem emotionalen Auge, das mit den Herzen verbunden ist. Das rechte Auge dagegen arbeitet nicht mit. So leben wir im Alltag im Mondlicht, im Yin. Es hat keinen Zweck, immer weiter den Weg zu gehen, solange wir den Sinn und den Kern dessen, worum es geht, nicht kennen und noch nicht fest in uns erobert haben und behalten.

Es gibt Menschen, die nur nach meinem dritten Buch (»Das Licht in uns«) üben. Das ist etwa so, als beginne man in der Grundschule mit der sechsten Klasse. Wie aber kann man auf weiterführenden Schulen weiter lernen, wenn man z.B. das Einmaleins nicht kennt und die Grundlagen des Bruchrechnens nicht gelernt hat? In diesem Sinne stellen meine beiden ersten Bücher (»Finde dich selbst durch Meditation« und »Offen zwischen Erde und Himmel«) die notwendigen Grundlagen zum Verständnis des dritten Buches bereit. Die Inhalte dieser drei Bücher sollten möglichst in Ihnen integriert sein, wenn Sie das vorliegende, vierte Buch in sich aufnehmen wollen.

Übung

Wir legen uns in der bekannten Weise auf den Fußboden.
In der Einatmung die Schale rundum entfalten.
Die Schale wird zur Kugel heilender Erdekräfte zwischen kosmischem Auge und neuntem Chakra.
Die Kugel erweitert sich zur Eiform bis ins achte Chakra.
In der Ausatmung strömt dann ein Wasserfall himmlischer Energien um uns hin und durch uns hin: mitten durch die Wirbelsäule, durch die Sushumna, den unsichtbaren Faden (Nadi), einen Kanal vitaler Energien, über den wir zur Ganzheit gelangen.
So gibt es kein Verteilt- und Zerrissensein mehr. Aber nur wenn wir mit unserer Aufmerksamkeit mitgehen durch diesen Leitfaden, bis zum neunten Chakra hin, atmen wir ganz aus, lassen wir wirklich los.
Wir sind Einheit, wie ohne Haut, mit geöffneten Poren, mitströmend mit den kosmischen Energien und in derselben Vibrationsfrequenz.
Dann stellen sich auch Harmonie, Gesundheit und Erfolg ein, in allem, was wir unternehmen – ohne Eitelkeit, mit Mut, Vertrauen und gläubiger Geduld und von einem höheren Bewußtseinsniveau aus.
Wir dürfen auch nicht vergessen, daß wir meistens nicht verstanden werden, wenn wir von unserer Schale aus mit anderen über unser Leben und Erleben als kosmische Wesen sprechen, bei denen die Haut keine Grenze mehr

ist, denn diese Menschen leben vom Sonnengeflecht aus, und es liegen Welten zwischen dem Sonnengeflecht und der Tiefe unserer Schale. Die subtilen, sakralen Erlebnisse unseres Weges erfordern Schweigen. Nur mit Menschen, die auch auf dem Weg sind, können wir darüber sprechen, und auch dann nur behutsam.
Immer müssen wir uns fragen: »Warum will ich so gern darüber sprechen? Kommt es nicht aus meinem Ego?«
Jeder erlebt den Weg aus der Gesamtheit seines jetzigen und seines vorigen Lebens heraus.
Wenn wir so ruhig atmen, wird die Energie zwischen dem achten und neunten Chakra im Ausatmen wie ein mächtiger Fluß, der ununterbrochen strömt, weiter und weiter, ohne Grenzen. Im Rhythmus von Ein- und Ausatem kreist die Energie vom kosmischen Auge her wie das Abwickeln eines Fadens oder das Aufreihen von Perlen auf eine Schnur, Perle nach Perle, leuchtend durch uns hin. Dann gibt es keine überbeanspruchten Blutgefäße, wie vor allem hinter unserem Brustbein oder in der Magengrube, wenn wir auf einmal hochkommen. Es geht dann um das wesentliche Leben vom kosmischen Auge her, um das Offensein zwischen Himmel und Erde und zwischen Erde und Himmel, das unser Bewußtsein im Alltag wie nachts im Schlaf beherrscht.
Jetzt verstehen wir auch, warum es keinen Sinn hat, Übungen, die eine bestimmte Entwicklung voraussetzen, verfrüht zu machen. Das erzeugt Widerstände, weil hinter dem Brustbein noch schmerzhafte Brocken und Balken liegen, Türen und Mauern noch verschlossen sind.
Zuerst müssen wir ordnen und zurückkehren zum Yin und Yang, zu Erde und Himmel, zum Tao, dem Einen.

Wir stellen uns vor, daß unser Scheitelpunkt an einem Faden hängt, der eine schöne Farbe hat.
Sogleich lassen die Schultern los, und wir können uns niederlassen, uns loslassen durch unseren Brustkorb zum Sonnengeflecht und zu unserer tiefen kosmischen Schale im Beckenboden hin, und es strömt weiter durch die Beine und Füße zum neunten Chakra – bis sich unser Körper rundherum wie eine treibende Wolke fühlt:
Innen ist Außen, Außen ist Innen.
Unser Kopf ist aufrecht, unsere Glieder sind losgelassen, der ganze Körper ist gleichmäßig entspannt.
Jetzt suchen wir 5 cm unter unserem Nabel unseren physischen Kraftpunkt auf: Wir nehmen wahr, wie er ausstrahlt und wie er sich mit dem kosmischen Auge verbindet. Spüren, wie sich die Energien verdoppeln.
Und jetzt, da wir immer mehr ins Gleichgewicht kommen, nehmen wir innerlich wahr, ob unsere beiden Körperhälften ähnlich ausstrahlen:
Wie sind unsere Augen? Liegt das linke Auge tiefer in seiner Augenhöhle und strahlt es aus?
Und wie liegt das rechte Auge? Ungebraucht und nach außen gewölbt, vage, ohne Glanz?
Dann schläft das rechte Auge noch immer, der Körper geht nur ganz wenig mit, und die rechte Gehirnhälfte ist dann auch weniger entwickelt.
Es ist deutlich: Wir haben vergessen, den Kopf des rechten Oberarms zu öffnen. Die Kugel von weißem Licht, die dort strahlen soll, ist eng verbunden mit der weißen Energie-Kugel des kosmischen Auges und besonders empfindlich für die Sonnenenergien aus dem Kosmischen, die wir so unbedingt brauchen, um eine Einheit sein zu können. Erst dann strahlen wir rundher-

um aus, teilen mit allen und allem um uns her diese heilende und uns zur Ganzheit bringenden Energien, die durch uns hin strömen.

Wer nur mit dem linken Auge sieht, ist, wie ich schon sagte, im Schlafbewußtsein, im Yin, im Mond, im Emotionalen, mit allen sich daraus ergebenden Folgen für Krankheiten von Herz, Magen, Pankreas und auch Blutkrankheiten im Zusammenhang mit Leber und Milz, Gehirnblutungen, Erkrankungen der Schilddrüse und Nebenschilddrüse, usw.

Wenn wir im emotionalen Bereich atmen und leben, staut alles im Körper, die Haut ist abgeschlossen, atmet nicht mit, ist kein Sinnesorgan. Man fühlt sich ängstlich, eingesperrt, das bringt wieder Aggressionen mit sich.

Anders wirkt das *vergrößerte linke Auge:* es sieht nicht mehr allein, sondern zusammen mit der Nasenwurzel und dem rechten Auge als eine Einheit. Dabei wird alles Negative von links her über die Mitte durch das rechte Schultergelenk und den oberen Teil des rechten Oberarms ins Kosmische hinaus abgeführt. Dieser zusammenwirkende Gebrauch des linken Auges gibt uns Yin, Ruhe, Gelassenheit; hilft uns, einzuschlafen und wirkt abkühlend, z.B. bei Fieber, und damit heilend.

Es ist also nicht der zusammenwirkende, sondern nur der isolierte Gebrauch des linken Auges, der uns schadet.

Versuchen Sie, wenn Sie morgens aufwachen, gleich zu spüren: Bin ich in meinem kosmischen Auge? Ist das kosmische Auge ein Loch in mir zwischen Erde und Himmel? Wir atmen rhythmisch ein und aus; wenn wir liegen: zwischen unten und oben, über uns und durch uns hin; und wenn wir sitzen: zwischen hinten und vorn.

Einatmen mit warmem Orange, der Farbe des Feuers tief in der Erde. Stellen Sie sich einen feuerspeienden Vulkan vor!
Wir fühlen, wie diese Wärme unsere Zellen öffnet, und wie wir dann das weiße Licht des Himmels von über uns empfangen. Und dann gehen wir denselben Weg zurück zum Feuer in der Erde.
Wir erfahren, wie das ganze Becken zur kosmischen Schale wird und die Verbindung zwischen kosmischem Auge und neuntem Chakra mit allem dazwischen zu einer strahlenden Kugel heilender Erdekräfte.
Jetzt ehrlich in sich selbst hineinspüren: Ist die Kugel nur links in Ihnen und haben Sie vergessen, Ihre rechte Schulter mitzunehmen? Oder ist es Ihnen gelungen, so daß Sie heil sind in sich?
Sehen wir von rechts her, mit dem Kopf von Schulter und Oberarm nach links, bis nach außen hin, dann werden wir deutlich spüren, wie auch in unserem Hinterkopf, im Nacken und in der Schulterpartie, in den Schulterblättern und dazwischen, eine Verlagerung stattgefunden hat: von rechts nach links und weiter, nach außen, ins Kosmische hinein.
Und nun beginnt das Ausstrahlen rundherum, auch über unserem Kopf und unter unseren Füßen. Können Sie es wahrnehmen? Sind Sie jetzt in der Ganzheit? Ist unser Leitfaden, der uns heil macht, jetzt auch warm und lebendig und ohne Unterbrechungen?
Sind die Finger- und Zehenspitzen wie Bäche, die ins kosmische Meer ausströmen? Mit anderen Worten: Atmen wir wirklich aus?
Wenn nicht, staut es in uns zurück.

Kurz zusammengefaßt:

- Das kosmische Auge ist geöffnet und es ist vergrößert bis zur Haut des Beckenbodens.
- Mit unserer Aufmerksamkeit gehen wir mit den durch den Leitfaden in der Sushumna strömenden Energien mit, zwischen achtem und neuntem Chakra.
- Im Alltag sind wir von rechts, vom Kopf von Schulter und Oberarm her geöffnet zur linken Schulter hin und bis nach außen, ins Kosmische hinein.

Als erstes ist sogleich spürbar, daß sich das beklemmende Gefühl hinter dem Brustbein gelöst hat. Dort sind nun Leere, Raum, Stille.

Und abends vor dem Einschlafen oder im Alltag nach großer Erregung tun wir dasselbe mit dem linken Auge. Wir erfahren dann, wie das Energiefeld weit über unsere Haut hinaus ausstrahlt und die vitale Energie deutlich spürbar wird.

Dann sind wir keine isolierten, autonomen Individuen mehr, begrenzt in unserer Kraft und starr, sondern wir passen uns den kosmischen Energien und Gesetzen an. Darum sind wir stark, haben wir Teil an den großen kosmischen Energien.

Diese Energien strahlen dann auch, z.B. durch unsere Hände, bis ins Unendliche oder bringen anderen, die unter Mangel an Energie leiden, zusätzliche Kraft.

men mit den geistlichen, den intuitiven Sinnen im Üben und in der Meditation wachsen wir hin zur Wahrnehmung und zum Erfassen der subtileren Aspekte der Wirklichkeit.
Es wird uns deutlich, daß wir dazu noch eine innere Kraft brauchen, die Kraft des Glaubens. Diese innere Kraft ist immer für uns da, wenn wir atmen und *sind* vom kosmischen Auge her, wo sich unser Wesen spiegelt und wo wir immer, Tag und Nacht, mit Gott verbunden sind, mit dem Christus und dem Heiligen Geist.
Vor einigen Jahren schickte mir jemand einen buddhistischen Text, den ich immer aufbewahrte, weil er so passend ist für unseren inneren Weg:

»Ich sage, daß man höchstes Wissen nicht gleich zu Anfang erwerben kann. Das geht nur durch allmähliches Üben, allmähliches Tun, allmähliches Entfalten. Wie geschieht das? Man faßt Vertrauen zu einem Lehrer, kommt herbei, gesellt sich zu ihm, leiht ihm Gehör und hört die Lehre an. Hat man sie gehört, so behält man sie im Gedächtnis. Hat man die Lehrsätze behalten, so macht man sich ihren Sinn klar. Hat man ihren Sinn erfaßt, so gewähren sie einem Einsicht. Darauf neigt man sich ihnen zu und läßt sie vorläufig gelten. Dann wägt man sie ab. So versteht man durch eigene Erfahrung ihren Wahrheitsgehalt und weiter durchdringend schaut man ihn.«

So werden wir als Instrument entwickelt, das die Wahrheit sehen und erkennen kann, die nicht nur den Intellekt unterrichtet, sondern auch die Seele befreit.
Wir erfahren, daß sich in uns eine Welt der Wahrnehmung entfaltet. Wir lernen, unseren inneren Raum zu be-

wohnen und erfahren, wie dieser Raum sichtbar wird und das Licht erscheint, verbunden mit Wahrheit und Freiheit.
Wir nehmen uns selbst als Person wahr, indem wir uns nach innen wenden, wach sind. Wenn wir nicht aufmerksam und wach sind, reflektieren wir uns nicht selbst.
Wir brauchen das Schweigen, die Stille, um klar in uns wahrnehmen zu können, um behutsam und demütig abzusteigen zu »den Wurzeln der Dinge«; in die Tiefe, wo das kleine egozentrische Ich nicht im Weg steht, wo wir aber durch unser Wesen mit Gott verbunden sind. Dann öffnet sich auch unser Herz und wird warm. Und getragen von der Schale des Lichts strahlt diese Wärme Liebe, Verständnis und Weisheit hin zu anderen.
Diese seelische Wärme entsteht in uns nur in der inneren Stille und als Gnade.

In die Tiefe

Geöffneten Augs
steh ich vor der Tiefe
die sich mir sonst verschloß.

Bisher
fuhr ich ihr obenhin
hielt mich abgewandt
die Augen geschlossen.

Undurchdringliches Dunkel
heut
schreckst du nicht mehr.

Dunkler als mein Ungenügen
schwärzer als meine innere Angst
kannst
du nicht sein.

Darum:
Mut
ist es nicht
daß ich dich wage
nein
es ist
Unausweichlichkeit.

Will ich weiterhin
fahren
muß ich durch die Tiefste gegangen sein…

Lotrechte
durchschneide die Waagrechte:

Hier
bin ich
heute beschloß mich's
und
findet mich schon
entschlossen.

Gisela Dreher-Richels (In: »Ulyssas Meerfahrt. Logbuch der Reise nach Ithaka«. Weilheim-Teck: Selbstverlag 1982, S. 58).

11 Verwandlung ins Licht

Im Prozeß der Transformation des Selbst, der sich über einen langen Zeitraum erstreckt und in dem jeder Mensch seine persönliche Bestimmung verwirklichen muß, begegnen uns Unbekanntes und Ungewöhnliches nicht nur in der äußeren Welt, sondern vor allem auch in unserer eigenen Innenwelt. Unser Ego, unsicher durch die jeweils neue Situation, lernt nur langsam, durch Erfahrung und durch Nachsinnen darüber, sowie durch Wissen um die Kräfte des Guten und Bösen, die unser Selbst bewegen und die stärker sind, als uns bewußt ist. Durch Fallen und Aufstehen lernen wir, Verantwortung zu tragen, auf unsere innere Stimme zu horchen und ihr zu gehorchen. So werden wir zu freien Menschen, und die dadurch frei werdenden, transformierenden Energien erfahren wir als ein Geschehen, das es uns ermöglicht, das Leben mit seinen immer neuen Schwierigkeiten und Chancen anzunehmen, als hineingewebt in ein sich entwickelndes Muster. Wir spüren, daß wir uns nun nicht mehr dagegen wehren, den alles in uns durchdringenden Widerstand wahrzunehmen, und wir beginnen, die Welt und das Selbst im Hier und Jetzt als Einheit zu erfahren. Wenn unsere innere Einstellung von Wohlwollen für den anderen bestimmt ist und wir spontan handeln, wird die Antwort immer eine Bewegung zum Leben und zur Verantwortung hin sein.

Es ist durch das Atmen und Sein vom kosmischen Auge her, daß wir lernen, aus eigenen Kräften ein neues Sein in uns selbst zu erschaffen. Dadurch stehen uns neue Erfahrungen offen, wachsen uns weitere Einsichten und Kräfte zu, die uns in unserem früheren Zustand noch unvorstellbar erschienen wären.
Wir lernen, uns immer bewußter zu entscheiden zwischen Ego und Selbst, offen zu sein für das kreativ Unbewußte und die psychische Wunde zu heilen, die uns daran hindert, ganz zu werden, die uns fernhält von dem, was wir im Wesen sind.
Das Selbst, das – in einem Prozeß wachsender Realisation – immer wieder versucht, sich zu manifestieren, führt uns zur Ganzheit. Und von dort her lernen wir die Prozesse zu verstehen, die in menschlichen und nicht menschlichen Gemeinschaften ablaufen; auch unsere eigenen Stärken und Schwächen, unsere kreativen Möglichkeiten, unsere emotionalen, intellektuellen, instinktiven und motorischen Aspekte, die verschiedenen sakralen Räume in uns, die Chemie unseres Körpers und was uns günstig und ungünstig beeinflußt.
Es ist ein Weg der Verwandlung und des Neugeborenwerdens, der Transformation durch alle Ebenen hin, was uns heilt. Eine Quelle dynamischer Energie, durch die Bewußtsein geschaffen wird. Das Selbst ist nicht nur Quelle und Basis der Persönlichkeit, es ist auch die Kraft, die sich zu manifestieren sucht in Entscheidungen und Erfahrungen des Ich – desselben Egos, das notwendig ist, um die Kräfte des Selbst zu erfüllen in verständnisvoller Beziehung zur Welt und zu unseren Gaben und Möglichkeiten als ganzer Mensch.

Das Selbst *ist* die Ganzheit und birgt in sich auch all das, was das Bewußtsein zu verneinen versucht hat – im Bösen wie im Verlangen der Seele.
Lao Tse sagt: »Der Mensch, der andere kennt, ist vernünftig, aber der Mensch, der sich selbst kennt, ist erleuchtet.« Er kennt seinen Auftrag, und er weiß, wer er im Wesen ist. Er weiß es, weil er den Mut aufbrachte, in die eigenen Tiefen hinabzusteigen, von wo aus alles, was wir in der äußeren Welt mißbilligen oder in ihr an Bösartigkeit erfuhren, unser Leben, unser Empfinden und Verhalten, bisher uns unbewußt, beeinflußt hat, so daß wir uns oft selbst verachteten. All das Dunkle kommt nun hoch, und der Betreffende wird damit konfrontiert. Er weiß nun: in ihm steckt eine starke böse Kraft – dasselbe Böse, das er bisher so weit entfernt wähnte! Alles, was unbedeutend, armselig und feige in ihm ist, sträubt sich, dies anzunehmen. Weil er aber weiß, daß er es umarmen und annehmen *muß*, um geheilt werden zu können, bringt er dennoch den Mut und die Kraft dazu auf.
Der Archetypus des Selbst kann für uns zwei gegensätzliche Aspekte haben: einen negativen, dunklen, den Feind in uns; und einen positiven, befreienden, der als Freund in uns wirksam ist und uns hilft, zu transformieren. Beide werden zu Führern auf dem inneren Weg, indem sie uns lehren, Licht und Dunkel in uns anzunehmen. Dabei ist es – neben allem Dunkeln – das Licht, das uns sowohl das Böse als auch das Gute zeigt.
Das Negative, die dunkle Energie, ist wie eine Hülle, eine Art Tarnung für unsere Gedanken und Handlungen im Bereich des Dunkeln, das uns vor uns selbst verbirgt. Dabei geraten wir in Angst, denn das Licht drängt uns, von solchem Verhalten abzulassen. So werden wir mit

unserem eigenen inneren Dualismus konfrontiert – ein Konflikt, für den wir keine Lösung wissen. Hier kommt uns das kosmische Auge zu Hilfe, unsere Quelle, in der sich unser Wesen spiegelt und die mit der großen Quelle, mit Gott, verbunden ist.

Durch Loslassen im Atmen und inneres Reinigen wird das Selbst immer feiner; verschiedene kreative Möglichkeiten treten zutage. So wird, wenn wir getreu immer wieder vom kosmischen Auge aus in uns auf Reisen gehen, ein Funke zum wärmenden Öfchen, erfahren wir im kosmischen Auge die Spiegelung unseres Wesens und unser Verbundensein mit Gott.

Nicht zuerst also der Himmel! Nein: zuerst hinabsteigen in die Tiefe, bis hinein in unsere Erde, das neunte Chakra. Und erst dann uns öffnen zum Himmel, zu Gott, zum achten Chakra.

Erst dann sind wir imstande, zu lieben; beginnt die Liebe, die in uns wohnt, von innen nach außen zu strahlen.

Erst wenn wir uns selbst kennen, verstehen wir andere Menschen, ihr Empfinden und Verhalten, weil wir erst jetzt akzeptieren, daß es individuelle Unterschiede gibt, abweichende Gesichtspunkte und charakteristische Reaktionen. Wir müssen lernen, uns selbst zu akzeptieren, zu vergeben, zu lieben, auch uns etwas zu gönnen. Erst dann können wir anderen vergeben, sie verstehen, uns mit ihnen versöhnen. Erst dann können wir andere durch unsere Liebe befreien, statt sie aus unserem eigenen Selbsthaß und Selbstmißtrauen heraus zu verurteilen.

Auch dabei hilft uns das kosmische Auge. Immer tragen wir in unserer Schale ein Reservoir von Wärme in uns mit. Sind wir von dort in uns verbunden mit Gott, dann öffnet sich das mystische Herz, ist dieser Raum frei von

Kampf und Streit mit Gott. So wird es zur Grotte, in der das Christuskind in uns geboren werden kann.
Dann strahlen Wärme und Liebe, Verständnis und Weisheit hin zu den anderen. Die Tore des mystischen Herzens öffnen sich weit. Wir werden durchstrahlt von kosmischen Energien, vom Heiligen Geist.
Wir spüren, wie alle Angst, Sorge und Unsicherheit von uns genommen sind. Wir sind uns unseres Selbst bewußt, akzeptieren es und wissen, daß unsere Würde in der Liebe zu den Menschen und zu Gott begründet ist.
Es ist ein einsamer Weg. Aber wir brauchen das Alleinsein und erfahren es auch nicht als Isolierung, sondern eher als etwas für uns Notwendiges, um uns mit dem Selbst verbinden zu können.
Immer wieder erfahren wir des Verbundensein mit dem kosmischen Auge, unserem Zentrum in der Tiefe, als eine Gnade: strahlend und lebendig, einmalig.
Diesen inneren Weg lernen wir nicht nur zu verstehen, wir lernen ihn auch, im Umgang mit anderen – zu *leben.*
Je mehr wir geben und helfen dürfen, um so mehr empfangen wir auch durch unser Offensein – demütig, denn wir wissen, daß wir nur zu helfen vermögen als Instrument in der Haltung »Gott durch mich«.
Darum ist auch die Strahlung so stark, wenn wir in einer Gruppe von Übenden von der Tiefe unserer Schale aus miteinander stille sind. Wenn dann jeder vom kosmischen Auge her im Lichte verwandelt ist, erfahren wir, daß wir ohne Grenzen sind. In Demut, im Nichts-Sein empfangen wir Alles. Die Lichte in den Vielen werden dann zu *einem* großen Licht: in der Liebe, ohne Frage, ohne Wünsche, ohne Angst vor dem, was war oder was

kommen wird; vor dem, was über uns oder was unter uns ist: Wir wissen uns geborgen in uns selbst.

Meditation

Wir sitzen auf unserem Hocker, das Steißbein ist frei: Wir sitzen auf unseren Sitzhöckern und lassen sie mit Orange in der Sitzfläche verwurzeln; wir sind auf der Stelle anwesend. Orange ist die Farbe des Feuers in der Erde.
Wenn die Sitzhöcker tief verwurzelt sind, bis in die feinen Haarwurzeln hinein, dann lassen wir auch die Vorderseiten mit verwurzeln.
Wir spüren, wie unsere Beckenschale sich rundherum vergrößert, bis in unsere Knie und weiter in die Füße und Zehenspitzen hinein.
Im Ausatmen empfangen wir vom achten Chakra her die himmlischen Energien:

- um uns herum schützend und wärmend wie ein Mantel der Liebe;
- durch uns hin, durch die Schultern, durch die Hüftgelenke bis in die Sitzhöcker und weiter durch die Beine und Füße bis zum neunten Chakra, unserer Erde;
- durch die Wirbelsäule, mitten durch die Sushumna, den Heilfaden, der uns zur Ganzheit bringt und uns auf dem inneren Weg begleitet.

Wir nehmen in uns wahr, wieviel leichter wir uns loslassen und uns niederlassen in dieser vertieften Schale, und wir spüren die Einheit mit dem neunten Chakra.
Ohne uns anzuspannen oder zuviel zu bemühen, strekken wir auf ganz natürliche Weise unseren Rücken, so daß die Energien frei strömen können. Unsere Arme sind entspannt, die Hände liegen auf den Knien.

Spüren, wie der Atem, kaum merkbar, durch die Nasenhöhlen eingeatmet wird, eins mit dem kosmischen Auge. Unser Körper nimmt den Atem in sich auf, und wir spüren, wie vom kosmischen Auge her die sieben Chakras in uns sich mit den zwei Chakras außerhalb, dem achten und dem neunten Chakra, vereinen, sich in Harmonie miteinander öffnen und ausstrahlen.
Kopf und Nacken liegen gerade, so daß die Nasenspitze mit dem Nabel eine gerade Linie bildet. Aufmerksam atmen wir alle unreine Luft durch den geöffneten Mund langsam aus.
Wir visualisieren, wie alle Sperren gelöst werden; wir wiederholen dies noch zweimal.
Dann atmen wir wieder durch die Nase ein und aus, unser Mund ist dabei geschlossen, so daß die Lippen leicht aufeinanderliegen und die Zunge den Gaumen berührt.
Wir schließen die Augen. Wir konzentrieren uns auf unsere Nasenspitze und bleiben dort mit unserer Aufmerksamkeit.
Wenn während der Meditation Gedanken aufkommen, steigt Ki, Chi oder Prana in den Brustkorb hoch, was schmerzhaft sein kann. Wir lassen hier wieder Entspannung und Leere eintreten, indem wir uns vorstellen, wie die Energien mit dem Ausatem abfließen, bis ins neunte Chakra.
Jetzt wird der Atem feiner. Wir achten auf drei Dinge:

- Befindet sich der Körper in der richtigen Haltung?
- Ist der Atem fein und unhörbar?
- Ist unser Ego eins mit dem wahren Selbst im neunten Chakra?

Dann sind wir in unserer Tiefe angekommen, in der Stille, und wir bleiben so noch eine halbe Stunde sitzen.

12 Hingabe

Der Mensch ist fähig, die unmittelbare, konkrete Situation zu transzendieren und sich selbst zugleich als Objekt und als Subjekt zu erleben. Mit seinem Gefühl, mit seinen Werturteilen bezieht er sich mit mehr oder weniger Engagement zugleich auf diese beiden Pole. So sind Sie, während Sie diese Zeilen lesen, Objekt meiner Wörter und Sätze und gleichzeitig können Sie sich Ihrer selbst als Subjekt bewußt sein, als die Person, die diese Wörter und Sätze liest. Daraus ergibt sich ein Freiheitsraum, innerhalb dessen Sie selbst entscheiden können, inwieweit Sie mit mir einig sind oder nicht.
Die Fähigkeit zum Transzendieren der konkreten Situation hat in einem bestimmten Teil des Gehirns ihren Ort: in der Hirnrinde. Wird dieser Teil verletzt, so geht genau diese Fähigkeit verloren: Die Betroffenen haben ihr abstraktes Denkvermögen eingebüßt. Aufgrund ihrer nun verzerrten oder mangelnden Bewußtheit des eigenen Selbst können sie andere Menschen nicht wahrnehmen. Je klarer ein Mensch sich selbst als Subjekt zu sehen vermag, desto besser erkennt er auch das Selbst anderer. Die Beziehung zum Selbst wird noch zu intellektuell, zu verbalistisch gesehen: als etwas, worüber man redet, was aber nicht gelebt wird.
Wenn man sich dem inneren Weg hingibt, muß man sich auf vielen verschiedenen Ebenen gleichzeitig zu sich

selbst in Beziehung setzen. Zwar ist diese Hingabe ein bewußter Akt; zugleich erfährt man aber in seinem Innern unbewußte und auch bewußte Kräfte. Diese Art der Beziehung zum Selbst gründet in der Hingabe aus freier Entscheidung, und aus ihr erwächst dann auch ein ganzheitliches Handeln: Man stürzt sich in etwas hinein. Diese Hingabe geht einher mit gesteigertem Bewußtsein. Aus dem Unterbewußten strömt eine neue Klarheit der Vernunft und des Urteils. Wir gelangen zu tiefer Einsicht, an der wir unser Handeln orientieren. Ein bewußtes intellektuelles Gewahrsein entsteht, wurzelnd in der Liebe und Wärme in der Tiefe unserer Schale. So erfahren wir in der Spiegelung von Seele und Geist in unserem Körper diesen als integralen Bestandteil unserer Beziehung zum Selbst.

Das Gegenteil dieser Hingabe ist der Zustand der Subjekt-Objekt-Spaltung, in dem der Mensch in Panik gerät oder in einem stark isolierten Körper nur ein Minimum an Selbstbezug hat. Dann handelt er irrational, ohne freie Entscheidung, und seinen Körper sieht er als reines Objekt, als etwas nur Äußerliches, das man kontrollieren kann. Die Blockierung des Selbstbezugs nannte Freud »Verdrängung«. Alles Verdrängte wird ins Unbewußte abgeschoben.

Wichtig für uns ist, daß wir durch das Atmen und bewußte Sein vom kosmischen Auge her, im Loslassen mit dem Ausatem das Ego immer mehr mit dem wahren Selbst verbinden. Dadurch entstehen Freiheit und Gleichgewicht.

Diese neue Bewußtseinsstufe geht einher mit sozialer Verantwortung, mit dem Bedürfnis, uns selbst gründlich und kritisch zu prüfen, bevor wir mit Menschen arbeiten, sei es einzeln oder in Gruppen. Immer wieder werden wir Selbstkritik üben und uns leer machen und uns loslassen müssen in der Meditation.

Entspannungsübung

Wir legen uns auf den Boden, auf unseren Rücken, die Beine etwas auseinander, die Füße entspannt nach außen fallend, die Zehen nach außen weisend.
Die Arme liegen entspannt entlang dem Körper, die Innenflächen zum Boden hin.
Wir visualisieren uns selbst, konzentriert auf das kosmische Auge, von dem aus wir einatmen, und wir atmen wieder aus, empfangend vom achten Chakra und mitströmend mit den Energien durch das kosmische Auge und weiter zum neunten Chakra hin.
Wir strecken zunächst die Fersen weit von uns.
Die gestreckten Arme liegen neben dem Körper, mit den Handrücken auf dem Boden.
Nun überlassen wir uns einem Gefühl der Schwere, und wir fühlen unseren Körper vom Kopf bis zu den Füßen.
Wir spüren in die verschiedenen Räume und Organe hinein.
Unsere Augen sind geschlossen, und hinter den geschlossenen Augenlidern sehen wir in die Ferne, ohne etwas erkennen zu wollen. Erst dann entspannt sich die Muskulatur des Augapfels.
Die Augen und die Lippen fühlen sich locker und entspannt an. Das Kinn ist ein wenig gegen die Brust geneigt.
Wir spüren, wie die Kopfhaut und der Nacken schwer auf der Unterlage aufliegen, aber doch locker und ohne

Druck; auch die Schultern und die Schulterblätter. Wir fühlen:

- Sind in den Oberarmen noch Spannungen, weil wir nicht ausatmen und nicht loslassen können?
- Ist die Last auf unserem Nacken losgelassen, in unsere Schale hinein?
- Liegt der Brustkorb rechts und links der Wirbelsäule gleich breit und gleich schwer auf dem Boden auf?

Wenn in den Schultern und im Brustkorb Unausgewogenheit besteht, dann liegt auch das Becken nicht symmetrisch, nicht rechts und links der Wirbelsäule gleich breit und schwer auf dem Boden. Alle Gelenke, alle Knochen müssen locker sein.

Eine besonders wichtige Stelle für die Chi-Passage ist das Kreuz. Hier liegt das kosmische Auge, hier steigen auch die Nierenmeridiane zum Herzen hinauf. Nur durch völlige Entspannung werden Durchgänge und Übergänge von Meridian zu Meridian geöffnet. Dabei hat die Chi-, Ki- oder Prana-Energie die Leitung, und die Atmung ist der Motor. Bei jedem Atemzug zirkulieren die Chi-Energien über die Meridiane im ganzen Organismus.

Durch langsames, entspanntes Atmen bis in die Tiefe unserer Schale hinein leiten und begleiten wir das Chi mit unserer Vorstellungskraft über alle Meridiane durch den ganzen Körper. Wir achten nicht mehr auf unsere Umgebung. Unsere ganze Aufmerksamkeit ist auf die Atmung gerichtet, und durch diese meditative Geisteshaltung wird auch die Zellatmung beeinflußt. Der Geist ist dabei hellwach. So gelingt es uns, die gesamte Immunitätslage des Organismus umzustellen. Der Mensch atmet im Durchschnitt sechzehn- bis achtzehnmal in der

Minute. Wenn wir aber üben, gelingt es uns, die Atemfrequenz auf dreimal, ja sogar bis einmal in der Minute zu senken. Bei jeder Zirkulation der Chi-Energie sollen die Chi-Kräfte im kosmischen Auge wieder aufgeladen werden.
Die äußerste Steigerung beim geregelten Atmen bewirkt das Gähnen: Das Zwerchfell spannt sich, die Bauchdecke ist aufs äußerste eingezogen, manchmal erweitern sich die Lungen; alle Muskeln von Kopf, Gesicht, Hals und Nacken sind gespannt, ebenso der Rachenring. Darauf folgt eine tiefe, wohltuende Entspannung im ganzen Körper, und wir spüren, wie im Kopf- und Nakkenbereich für uns unzugängliche Akupunkturpunkte massiert werden.
Wir summen ohne Ton »Om«, und wir spüren, wie dabei die dem Zwerchfell benachbarten Organe mit vibrieren. Dann achten wir auf das rechte Mittelohr: es schwingt ebenfalls mit. Siebenmal »Om« summen.
Dann, bitte, nachspüren, wie es in Ihnen frei geworden ist, warm und flüssig. Aber auch losgelassen ins Verbundensein mit der Erde, ins Leere, in die Ganzheit zwischen Erde und Himmel.

Ich sitze hier vor dir, Herr,
aufrecht und entspannt, mit geradem Rückgrat.
Ich lasse mein Gewicht
senkrecht durch meinen Körper
heruntersinken auf den Boden,
auf dem ich sitze.

Ich halte meinen Geist
fest in meinem Körper.
Ich widerstehe seinem Drang,
aus dem Fenster zu entweichen,
an jedem anderen Ort zu sein
als an diesem hier,
in der Zeit nach vorn und hinten
auszuweichen,
um der Gegenwart zu entkommen.
Sanft und fest halte ich meinen Geist dort,
wo mein Körper ist: hier in diesem Raum.

In diesem gegenwärtigen Augenblick
lasse ich alle meine Pläne, Sorgen und Ängste los.
Ich lege sie jetzt in deine Hände, Herr.
Ich lockere den Griff, mit dem ich sie halte,
und lasse sie dir.
Für den Augenblick überlasse ich sie dir.
Ich warte auf dich, passiv und erwartungsvoll.
Du kommst auf mich zu,
und ich lasse mich von dir tragen.

Ich beginne die Reise nach innen.
Ich reise in mich hinein
zum innersten Kern meines Seins, wo du wohnst.
An diesem tiefsten Punkt meines Wesens
bist du immer schon vor mir da,
schaffst und stärkst ohne Unterlaß
meine ganze Person.

Gott, du bist dynamisch.
Du bist in mir.

Du bist hier.
Du bist jetzt.
Du bist.

Du bist der Grund meines Seins.
Ich lasse los.
Ich sinke und versinke in dir.
Du überflutest mein Wesen.
Du nimmst ganz von mir Besitz.

Ich lasse meinen Atem
zu diesem Gebet der Unterwerfung
unter dich werden.

Mein Atmen, mein Ein- und Ausatmen,
ist Ausdruck meines ganzen Wesens.

Ich tue es für dich,
mit dir, in dir.
Ich bin du »geworden«.
Du bist ich »geworden«.
Wir atmen miteinander.

Und nun öffne ich meine Augen,
um dich in der Welt
der Dinge und Menschen zu schauen.
Ich nehme die Verantwortung für meine Zukunft
wieder auf mich.

Ich nehme meine Pläne, meine Sorgen,
meine Ängste wieder auf.
Ich ergreife aufs neue den Pflug,

aber nun weiß ich,
daß deine Hand über der meinen liegt
und ihn mit der meinen ergreift.
Mit neuer Kraft trete ich
die Reise nach außen wieder an,
nicht mehr allein,
sondern mit dem Schöpfer als Partner.

Theologe / Schottland (aus: Drutmar Cremer, Hrsg., »Sing mir das Lied meiner Erde«. Würzburg: Echter/Calwer, 1978, S. 73 ff.)

13 Andere Wirklichkeiten

Zur Beschreibung der unsichtbaren Welt ist unsere Sprache völlig ungeeignet. Dennoch bilden wir uns ein, etwas davon zu verstehen, solange wir nur darüber reden können. Wir sprechen über Gott, aber dieses Wort bedeutet etwas, das über unser Verständnis hinausgeht. Wir erfahren Gott als eine Macht, die das Weltall schafft und lenkt, als eine Quelle, der die Schöpferkraft entströmt und mit der wir von unserer Quelle her verbunden sind.
Die Veden zeigen uns, daß schon vor Tausenden von Jahren eine hohe Weisheit in der Welt existierte. So finden wir in der Sankya-Schule die Lehre von den drei Gunas, den drei Grundeigenschaften der Erscheinungswelt, die später allerdings mit Seinszuständen, mit moralischen Vorstellungen verbunden wurden. Ursprünglich bedeuteten die Gunas (Sattva, Rajas, Tamas) einfach die Dreifaltigkeit, durch die alle Unterschiede in der Welt zustande gekommen sind.
Die Darstellung der Dreifaltigkeit als Sein ergab Schwierigkeiten auch in der christlichen Lehre. In unserer Zeit möchten die meisten gern alles recht leicht gemacht haben, und nur wenige glauben wirklich daran, daß man bis zum äußersten Ende gehen muß, um etwas so Wesentliches zu bekommen. Aber es ist so: Nicht nur mit dem Verstand, sondern auch mit dem ganzen Wesen und aus ganzem Herzen soll sich der Mensch bemühen müssen, will er sich ein neues Sein erobern.

In meinem zweiten Buch, »Offen zwischen Erde und Himmel«, habe ich darauf hingewiesen, daß wir die Bergpredigt als einen Rat ansehen können; sie weist uns so einfach und klar unseren Weg. Oft wird mir gesagt: »Wenn ich nur einigermaßen nach der Bergpredigt leben könnte!« In der Tat stellt die Bergpredigt große Anforderungen an uns und unsere menschliche Natur. Aber wir können uns ändern, wenn wir uns bemühen, uns vom kosmischen Auge her der Drei-Einheit zu verbinden und so zu höheren Bewußtseinsgebieten zu gelangen.
Durch die Verbindung mit spirituellen Energien kommt der Mensch in direkte Berührung mit seinem großen Selbst, und dies bewirkt eine höhere Schwingungsfrequenz und damit eine Loslösung von jenen belastenden, niedrigen Energien, die den Zugang zu höheren Bewußtseinsbereichen nicht ermöglichten.
Wenn man sich bewußt öffnet und zuläßt, aus der spirituellen Dimension Erfahrungen zu gewinnen, dann löst dieser Vorgang in allen anderen Körpern eine Veränderung der Gefühle, Stimmungen, Reaktionsweisen und Einsichten aus. Nur das Atmen und SEIN vom kosmischen Auge her hilft uns, bewußt in dieser höheren Vibrationsfrequenz zu bleiben und unser Getrennt- und Zerrissensein aufzugeben. Im Anfang kann dieses elektrisch Aufgeladensein uns Angst machen. Wenn wir aber in der richtigen Weise begleitet werden, spüren wir, wie man sich von der herrschenden langsamen Schwingung des Egos im Einswerden mit der kosmischen Energie befreien kann.
Durch das Atmen vom kosmischen Auge her ist unsere Haut keine Grenze mehr, und nicht nur unser physischer Körper ist Energie geworden, sondern auch die subtilen

Körper: der Mentalleib, unser spiritueller Körper, der der höchste ätherische Aspekt unseres Wesens und die Quelle unseres Seins ist; aber auch der emotionale Körper, der die Brücke zu den anderen bildet. Der emotionale Körper ist zurückgeblieben, und es liegt in unserer Zeit, daß wir uns mit ihm, der mit dem Sonnengeflecht verknüpft ist, zu beschäftigen haben. Es ist das Sonnengeflecht-Zentrum, das den Sympathikus im vegetativen Nervensystem stimuliert. Auf diese Weise werden sowohl bewußte als auch unbewußte Körperfunktionen, ja sogar psychische Reaktionen beeinflußt und beherrscht. Wir können zum Beispiel dem eigenen emotionalen Körper den Auftrag geben: »Ich will nicht mehr böse sein«, und dennoch werden wir das Wesen des Bösen in uns erfahren. Mit eingeübten Verhaltensweisen können wir das Bösesein unterdrücken, aber immer wird dann das Zurückgedrängte auf andere Weise, zum Beispiel in Form einer Krankheit, wieder hervorbrechen. Die Entwicklung unseres emotionalen Körpers ist deshalb so weit zurückgeblieben, weil er ein Aspekt unseres Selbst ist, der nicht in den Bereich von Raum und Zeit gehört.

Durch das Atmen vom kosmischen Auge her, das uns transformiert, und durch bestimmte Akupunkturpunkte, die uns helfen, die kosmischen Energien in uns zuzulassen, verbindet sich in einer starken Energieexplosion der spirituelle Körper bewußt mit dem physischen und dem emotionalen Körper; wir spüren es daran, daß hinter den Augenlidern weißes Licht erscheint. Damit treten wir in veränderte Bewußtseinszustände ein und erfahren eine höhere Frequenz, eine neue Geburt: Wir sind nun nicht mehr isoliert, sondern Teil von Allem was ist, Teil des

Kosmischen. Diese Verwandlung unseres ganzen Seins hilft uns, in die Dunkelheit unseres Unbewußten hineinzugehen und ihm in der Wärme und Liebe von unserer Schale des Lichts her positiv zu begegnen.
Getragen von unserer Schale, offen zwischen Erde und Himmel, erfahren wir die Verbindung von Ego und wahrem Selbst bis ins neunte Chakra, sind wir im Gleichgewicht: erlöst, verfeinert, multidimensional, ganzheitliches Sein.
Das höhere Selbst wird erfahren als Bewußtseinserweiterung, als ein Gefühl, ohne Grenzen zu sein, und unter Visualisierung verschiedener, sich auch wandelnder Formen, als Dreiecke oder auch Licht, weiß oder gefärbt: gold, violett, blau oder grün; manchmal auch als eine Gestalt in langem weißem Gewand, als ein Berg oder Wasser.
Wie der emotionale Körper verwandelt sich auch der Mentalleib mit tiefgreifenden Auswirkungen auf das Empfinden und Verhalten: »Noch nie in meinem Leben bin ich so glücklich gewesen!« Oder: »Das Verhältnis zu meinem Mann ist so gut wie noch nie, und meine Mutter und meine Schwester kann ich jetzt annehmen, wie sie sind.«
So kann es sein, daß in uns ein Prozeß beginnt, in dem wir Vertiefung erfahren und Entfaltung hinaus ins multidimensionale Sein. Wir werden dann in andere Wirklichkeiten mitgenommen, und die Bilder, die dabei in uns aufsteigen, haben einen Bezug zu unserem Alltagsleben im Hier und Jetzt. Darum müssen wir sie ansehen und einzuordnen versuchen. Dabei werden wir immer mehr bemerken, daß sie eine besondere Qualität haben, die unsere Aura verfeinert und verstärkt.

In der Arbeit mit Menschen bemerke ich immer wieder, wie sie aufgrund von Schuldgefühlen, Ängsten, Trennung, Zorn, Eifersucht oder Rache unbewußt unter den niedrigen Schwingungen ihres emotionalen Körpers gelitten haben. Auch hier ist es das kosmische Auge, das durch höhere Schwingungsfrequenz den emotionalen Körper sich entwickeln läßt und alle negativen Gefühle verändert. Ein naheliegendes Beispiel dafür ist die Erfahrung des Orgasmus, nach der wir uns allerdings wieder abschließen. Jetzt aber lernen wir, in diesen stark schwingenden Energien zu bleiben. Viele Menschen haben erst in der Meditation ekstatische, glückliche, spirituelle Zustände erlebt, wenn sie sich von den schweren, langsamen Schwingungen des Egos befreit fühlten. Denn im vergrößerten Raum unserer Schale, wo das Ego mit dem großen Selbst verschmilzt – bis zum neunten Chakra hin, in der Ganzheit – kennen wir ein höheres, ekstatisches Bewußtsein.
Durch das Üben lernen wir, in Verbindung mit dem göttlichen Selbst, unserem Wesen, immer mehr in diesen kosmischen Energien zu bleiben, indem wir niedrige, uns belastende Energien loslassen, bewußt unseren Körper für die spirituellen Dimensionen öffnen und dunkle Gefühle, Reaktionen und Stimmungen nicht mehr zulassen.
In der Einheit aller Körperräume unseres physischen und unseres emotionalen Körpers, wie sie von der Tiefe der Schale und in Verbindung mit dem kosmischen Auge möglich wird, entsteht eine gewaltige Energie-Explosion, so daß wir spüren, wie wir in eine neue Wirklichkeit eintreten, in eine neue Form ohne Grenzen.
Die Menschen, mit denen ich arbeite, nehme ich in meinen verstärkten Energien, von meiner Schale aus,

mit. So gehen sie mit mir in veränderte Bewußtseinszustände hinein und vergessen dabei ihr Zerrissen- und Getrenntsein, ihre Krankheit, ihre Ängste, ihre Sorge und ihr Verletztsein. Diese Erfahrung einer Verwandlung, durch die sie sich bis in jede Zelle hinein lebendig und vital fühlen, zeigt ihnen, was das Atmen vom kosmischen Auge aus bewirkt.

Wenn die verschiedenen Körper unserer physischen Dimension in derselben Schwingung strahlen, durchtasten und umfangen wir sie rundherum, und dabei bemerken wir, daß wir in dieser Weise Zugang zum Unbewußten bekommen, in das Dunkle hineingehen können. Dadurch werden wir spontan und natürlich mit unverarbeiteten Prozessen aus der Zeit vor unserer Geburt und aus vorigen Leben in Verbindung gelangen.

Wir beginnen mit dem Atmen und genau an der Stelle des kosmischen Auges, und wir erfahren, wie unser Körper weit über die Grenzen der Haut, seines bisherigen »Käfigs«, hinaus ausstrahlt und sich mit dem emotionalen Körper verbindet. Dadurch löst sich eine Last von Negativem.

Das Üben entlang der Akupunktur-Meridiane, also mit Wegen, Quellen und Toren des Lichts, läßt uns die reine Lebensenergie (Chi, Ki oder Prana) erfahren, andere Gefühle, andere Schwingungen. Wir befreien uns vom Ego-Denken durch Begegnungen mit dem großen, höheren Selbst. Jetzt ändert sich auch der Mentalleib, und wir erleben einen Prozeß der Entfaltung und Vertiefung – unbegrenztes, multidimensionales Sein.

In den folgenden Stunden ordnen wir die Erlebnisse und Bilder, die in uns aufsteigen, und nehmen sie als real und für uns wertvoll wahr, ob sie nun einen Bezug zu unserer

jetzigen Lebenszeit haben oder mit einem vorigen Leben zusammenhängen – es geht um die Qualität dieser inneren Erfahrung und die damit verbundene Energie.
Durch solches Erleben und durch das Einordnen der dabei gewonnenen Erfahrungen und Einsichten wird unsere Aura beeinflußt, und je mehr wir die Prinzipien verstehen, die in unserem Leben wirksam sind, um so klarer erkennen wir, daß andere, neue Gedanken und lichterfüllte Gefühle möglich sind. Mehr und mehr lösen wir innerlich Emotionen und Probleme. Dadurch wird der spirituelle Körper eins mit dem emotionalen Körper, und wir gelangen zu einem tiefen Einfühlen, Mitfühlen, Durch- und Zurückfühlen. Unser Fühlen wird nun verschärfter Sinn. Wir sind in unserer Tiefe angekommen: Das kosmische Auge strahlt maximal aus, und alle Chakras strahlen in Harmonie miteinander, unsere Energie nimmt zu.
Jetzt fragen wir uns, wie wir mit diesen Energien umgehen müssen. Sie sind für uns da. Wir fühlen, wie sie uns anregen. Unser Bewußtsein ist weit, unsere Gehirnzellen strahlen mit elektromagnetischer Energie, wodurch alle unsere uns bisher noch unbekannten und von uns nicht benutzten Gaben wachwerden, und wir kommen in Verbindung mit Dimensionen der Erkenntnis, die unserem Verstand aus der »ersten Wirklichkeit« nicht zugänglich sind.
Durch die sehr verstärkte Schwingungsfrequenz vom kosmischen Auge her entdecken wir, daß Gott die Quelle der schöpferischen Energien ist. Diese Erfahrung beeinflußt uns immer wieder positiv in unserem Umgang mit Menschen, in unserer Arbeit an unseren Problemen und Schwierigkeiten, in all unserem Tun und Sein.

Diese schöpferischen Energien werden im Atmen und Üben immer stärker und bringen uns in unserer Entwicklung weiter, und dadurch gewinnen wir Einsicht und Vertrauen. So lernen wir, uns selbst zu helfen, nicht mehr von anderen abhängig zu sein, sondern mit eigenen Kräften in uns das Selbst zu entwickeln.
Wir bemerken, daß unser Bewußtsein sich um neue Dimensionen erweitert und daß unsere Wahrnehmung sich verschärft, so daß wir uns nicht mehr auf bestimmte Formen oder auf eine Zeitdimension festlegen. So fügen sich verschiedene Aspekte der neuen Wirklichkeit zusammen. Wir spüren unseren Körper als Ganzheit: den physischen Körper in Harmonie mit dem emotionalen und dem spirituellen Körper, unserem Mentalleib. Wir beginnen, die höchsten Bewußtseinsebenen zu erleben. Es ist durch das Leiden, durch Widrigkeiten, daß wir zu dem werden, was wir sind oder werden sollen; sie fordern uns heraus, wach zu sein und eine Kraft zu entwickeln, durch die wir uns nicht nur der Qualität unserer Seele bewußt werden, sondern auch dahin gelangen, sie in der Welt, im Licht, zu manifestieren.

Übung 1

Wir sitzen auf unserem Hocker, die Sitzhöcker und ihre Vorderseiten mit Orange in der Sitzfläche verwurzelt.
Wir atmen vom kosmischen Auge her. Die Verbindung vom kosmischen Auge zum neunten Chakra und zurück macht unser Kreuz locker, und so entsteht die Kugel von heilenden Erdekräften. Die Wirbelsäule steigt aus der Schale gestreckt auf. Die linke Hand liegt mit dem Handrücken im Schoß und der rechte Handrücken ruht in der linken Handfläche.

Wir atmen durch unsere Nase ruhig ein und aus. Der Atem wird langsamer und tiefer. Unsere Aufmerksamkeit richten wir auf den kleinen Tetraeder: kosmisches Auge als Spitze, verbunden mit den Ecken des heiligen Dreiecks (letzter Steißbeinwirbel, linker und rechter Sitzhöcker mit ihren Vorderseiten).

Das Durchstrahlen der Energien wahrnehmen und spüren, wie nach einigen Minuten ein angenehmes Wärmegefühl entsteht: in unserer Schale, in unserem Nabelgebiet, in den Händen und Füßen. Langsam geschehen lassen.

Jetzt legen wir die Hände verschränkt hinter den Kopf gegen den Schwerpunkt zwischen den Ohren, so daß die Zeigefinger auf den Bogen der Medulla zu liegen kommen.

Im Einatmen strecken wir den Oberkörper etwas und pressen den Kopf gegen die Handflächen. Zwölfmal wiederholen.

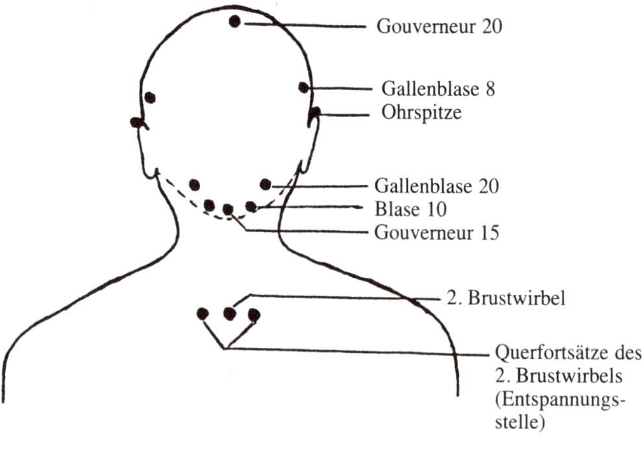

Beim Einatmen massieren wir die in der Abbildung gekennzeichneten Punkte leicht; bei Kopf- und Nackenschmerzen sowie bei Schwindel.
Noch hilfreicher finde ich, bei diesen Punkten tief und breit nach innen zu gehen, bis Spannungen oder Schmerz verschwinden und der ganze Hinterkopf Energie geworden ist.
Wir öffnen dann den ersten Brustwirbel und auch den zweiten Brustwirbel mit den beiden Spannungspunkten rechts und links. Dann sind die Räume von Kopf, Nacken, Hals und Kehle eins mit dem Raum des Oberkörpers.
Ohne Hemmung strömen die Energien durch zum neunten Chakra.
Wir sind in der Ganzzeit: Die Yang- und Yin-Energien sind eins im Tao.

Übung 2: Der »Turm des Lichts«

Wir stehen, mit den Füßen auf Hüftbreite, die Arme locker an den Seiten.
Wir atmen vom kosmischen Auge her: zuerst einatmen, die Schale rundherum; dann ausatmen: empfangen vom achten Chakra senkrecht durch uns hin zum neunten Chakra, unserer Erde.
Durch die Mitte der Halswirbelsäule, dann durch die Mitte der Schultern hin bis zu den Sitzhöckern und weiter durch die Hinterseiten der Beine zu den Erde-Feuer-Stellen in den Fersen unter den Fußsohlen und zum neunten Chakra.
Das kosmische Auge ist der Kreuzpunkt.
Wir spüren unsere Wurzeln tief in der Erde.

Wir visualisieren jetzt um uns herum eine lange Elipse in hellblauem Licht. Das blaue Licht breitet sich ungefähr 25 cm rundherum aus und ungefähr 40 cm über unserem Kopf, unserem Himmel, und 40 cm unter unseren Füßen. Jetzt sind wir uns dieses abgegrenzten hellblauen Feldes bewußt.

Innerhalb der Krone unserer Aura, ein wenig über dem Kopf, visualisieren wir eine Kugel von glänzendem weißen Licht. Wir konzentrieren uns auf diese Kugel, und sie wird immer strahlender, glühend weiß wie brennendes Magnesium. Nicht hochsehen, nur fühlen und spüren.

Wir erschaffen dieses Bild, um das Licht unseres höheren Selbst, das wirklich da ist, zu manifestieren. Wir visualisieren diese Kugel über unserem Kopf, ohne sie zu berühren, denn eine andere Möglichkeit, unser höheres Selbst mit unserem Ego zu identifizieren, haben wir nicht.

Wir sind uns dieser zwei Bilder bewußt: der intensiv hellblauen Elipse, die uns ganz umfaßt, und dieser glänzenden weißen Kugel über unserem Kopf am oberen Rand der Aura.

Dieser strahlenden Kugel über unserem Kopf bewußt, stellen wir uns ein auf das Höchste, das wir imstande sind, bewußt zu empfangen. Wir realisieren, daß diese Kugel ein Symbol ist, das wir visualisieren, und daß sie Teil der kosmischen Energien ist.

Wir sehen, daß diese Kugel funkelndes weißes Licht ist. Und dieses Licht ist voll von silbernen Funken, die unsere Aura überfließen und zugleich uns vibrierend ganz und gar durchdringen und durchströmen. Dies sehen wie eine lebendige, bewegende Wirklichkeit.

Das Leuchten strömt ständig in und um uns. Es ist unerschöpflich, weil es teilhat an der großen kosmischen Quelle.
In unserer Aura kreist anhaltend strahlendes, glänzendes Blau, die harte, scharfe und abgegrenzte leuchtende blaue äußere Hülle verstärkend.
Sich bewußt sein, wie Sie tief glücklich und wach die Mitte, das Zentrum dieser glänzenden Manifestation göttlicher Kraft sind.
Wir zählen bis zehn und lassen das Bild dann aus unserem Bewußtsein los. Wir wissen, daß es damit nicht aus der Wirklichkeit verschwunden ist. Es ist ein Symbol von etwas, das wirklich da ist.
Um uns schützen zu können, müssen wir diesen »Turm des Lichts« jeden Tag üben (am besten liegend abends vor dem Einschlafen); er gibt uns Ruhe und bringt Licht in uns und heilt uns. Das Geschütztsein bleibt dann unsichtbar rund um uns herum.

14 Vom Umgang mit den Energien

Wir leben in einer bewegten und zugleich rätselhaften Zeit, in der tiefgreifende Veränderungen sich ankündigen, und wir verstehen, daß wir uns aufraffen müssen, in unserem äußeren wie inneren Leben etwas zu ändern.

Wieder ist es das Atmen vom kosmischen Auge her, das uns hilft, die Verhärtungen so vieler Gewohnheiten, die sich bis in die Zellstruktur hinein niedergeschlagen haben, aufzulösen und sie durch einen Strom von Licht, Wärme und Kraft zu ersetzen. So lernen wir die Energien kennen, die Art, in der sie auf uns wirken, und wie wir die Frequenz negativer, unbewußter und dunkler Schwingungen in höhere, lichtere Frequenzen verwandeln können.

Die dafür von mir vorgeschlagenen Übungen bewirken erhöhte energetische Vibrationen, durch die Schlacken gelockert und ausgeschwemmt, Erinnerungen geklärt und gelöst werden. Und dieses Lösen von Problemen und Klären von Schwierigkeiten durch Übung und Meditation führt zu physischer Erleichterung und sogar Heilung. So zu üben und zu meditieren vom kosmischen Auge her und durch das kosmische Auge hindurch zum neunten Chakra hin vermittelt uns ein Gefühl von Befreitsein, Schmerzlosigkeit und lichterer Lebenskraft, von gesteigerter Energie.

Wie gehen wir mit den Energien um? Wie können wir sie wahrnehmen und kontrollieren, bewußt einsetzen und stärken? Dieses Energiesystem beschränkt sich nicht auf unseren physischen Körper, es ist auf der spirituellen und der mentalen Ebene wirksam. Bei denen, die zu mir kommen, nehme ich schon im Warteraum meiner Praxis Unregelmäßigkeiten, Krankheit, Mangel an Energie, Verfärbungen in der Aura wahr, die auf physiologische und psychologische Probleme schließen lassen. Deutlich wird dabei, daß unser Körper dann nicht im Gleichgewicht ist.
Die folgenden Dinge erfordern immer wieder unsere Aufmerksamkeit:

- Bin ich in meinem vergrößerten kosmischen Auge? Und atme ich das atmende Kreuz?
- Gehe ich mit den Energien mit bis hin zum neunten Chakra, ungefähr 40 cm unter meinen Füßen? Erst dann atme ich richtig aus.
- Bin ich von meiner rechten Seite her geöffnet, durch den Raum meines Körpers hin zu meiner linken Seite und weiter nach außen, ins Kosmische hinein? Erst dann lasse ich los, und mein Körper wird rundherum Energie, auch unter meinen Füßen und über meinem Kopf.
- Wenn ich zum Energie-Körper geworden bin, empfange ich von hinter meiner Rückseite her die kosmische Energie durch mich hin und strahle sie nach vorn aus. In dieser gereinigten Energie nehme ich alles, was mir begegnet, mit ins Licht, in der Wärme und in diesen verfeinerten Kräften. Es ist eine göttliche Kraft, Ursprung und Umkehr aller Materie im Kosmos: die Quelle.

Wie unsere Körper aus Atomen bestehen, so unsere Seelen aus der Ur-Energie, einer intelligenten Energie, die das Leben erschafft. Sie ist Teil jeder einzelnen Zelle. Sie ist in uns, außerhalb von uns und um uns herum. Und die Gesamtheit dieser Energie, die überall IST, ist was wir Gott nennen, den Schöpfer-Gott.

Wenn Jesus Christus sagte, Gott sei überall, so heißt das: Diese lebensbegleitende Energie ist überall, auch in jeder Zelle in uns.

Und weiter bedeutet dies: Erst wenn wir vom kosmischen Auge her transformieren in Energie, sind wir wirklich »nach seinem Bilde geschaffen«.

Das Leben besteht, sichtbar und beweisbar, aus molekularen Einheiten, aus physischer Materie *und* der Quelle geistiger Energien.

Die Seele besitzt ihren eigenen freien Willen, und wenn unser Körper stirbt, individualisiert sie sich und trifft ihre karmische Entscheidung, in welcher Form sie leben möchte. Das ist Reinkarnation. So gibt es Leben nach dem Tod und Leben vor der Geburt.

Viele Male habe ich es bei Menschen, bei deren Sterben ich dabei war, und auch bei mir selbst wahrnehmen dürfen: die zwei Formen, meine Körperform und meine geistige Form, die dann höher und höher schwebte, verbunden durch eine dünne Silberschnur, durch die beide Formen wie elastisch aneinander befestigt sind. Wenn wir sterben, reißt die Silberschnur, da unser Körper die Lebenskraft nicht länger halten kann. Es ist fast die gleiche Erfahrung wie bei einer Astralprojektion; nur gibt es, wenn wir gestorben sind, keinen Körper mehr, in den wir zurückkehren könnten.

Wie ich schon sagte, entspricht die Form unserer Seele der unseres Körpers: ein Kopf, zwei Arme, ein Körper, zwei Beine, ausstrahlend in hochvibrierendem Licht – keine Materie, in vollkommenem Gleichgewicht von Yang und Yin.

Was die Astralprojektion angeht, so glaube ich nicht, daß es richtig ist, unseren Körper um einer solchen Erfahrung willen zu verlassen. In einem solchen Moment geht es vielmehr darum, wach zu sein und geöffnet zwischen Erde und Himmel.

Diesen Weg zu gehen, heißt zu leben aus der Tiefe der Schale, aus dem »Großen Selbst«, aus dem vergrößerten kosmischen Auge.

Jeder von uns ist dann von seinem »Großen Selbst« her verbunden mit allen anderen, die jeder von ihrem »Großen Selbst« her leben. Dann schwingen sie alle in Harmonie miteinander, in Frieden und verbunden mit Gott.

15 Der Tod

In der Arbeit miteinander, in Gesprächen und in den Übungen greife ich immer wieder das Thema Tod auf.
Im biologischen Sterben des Körpers tritt der Tod am deutlichsten und furchterregendsten in Erscheinung, doch ebenso bedeutsam und womöglich noch belastender ist die geistige Auseinandersetzung mit dem Tod. Am stärksten werden in den meisten Fällen Angst und Verzweiflung unmittelbar vor dem Augenblick des physischen Todes erfahren. Die absolute Endgültigkeit hat etwas Furchterregendes an sich.
Wir westlichen Menschen sehen dem Tod nicht ins Auge, und die meisten sterben, oft allein, im Krankenhaus. So ist die Angst vor dem Tod tief in uns. Die Verantwortung übertragen wir lieber dem medizinischen Personal.
Das Wissen, daß unsere Sterblichkeit schon immer präsent ist, zwingt uns aber schon weit vorher, uns ständig dem Tod gegenüber irgendwie zu verhalten. Darum geht es, wenn wir von einem Sein zum Tode sprechen. Auch wenn Verwandte oder nahe Freunde sterben, denken wir lieber nicht über die eigene Sterblichkeit nach. Ist denn Sterben, soweit wir überhaupt etwas darüber wissen können, ein Zugrundegehen, ein Ende? Oder ist es eine Verwandlung von einer Weise des »In-der-Welt-Seins«, der im Körper, in eine andere Weise des Seins?
Im Sterben müssen wir bereit sein, materielles und geistiges Besitztum aufzugeben, mitmenschliche Bindun-

gen zu lösen und in die Einsamkeit zurückzukehren. Der Mensch, der sich als ein sich selbst herstellendes, in sich abgeschlossenes Subjekt erfährt, ist es, den die Angst vor dem Tod am stärksten überfällt.
Ganz anders stirbt derjenige, in dessen Leben wesentliche Verhaltensmöglichkeiten zur Entfaltung kamen, der den ihm in diesem Dasein gestellten Auftrag erfüllt, sich mit dem Faktum seines Todes auseinandergesetzt und es in sein Leben integriert hat. Ein solcher Mensch hat gelernt, sein Ichbewußtsein aufzugeben – ein Prozeß, der oft durch das Gefühl von Isolierung oder Einsamkeit ausgelöst wird. Denn die Erfahrung, einsam und begrenzt zu sein, eingesperrt in den »Käfig« der eigenen abgeschlossenen Haut, kann uns bereit machen, nach neuen Mitteln zu suchen, einen neuen Weg zu probieren, über den wir zur Bewußtheit gelangen. Durch die meditativen Übungen und durch Meditation kann man das Gehirn so ruhig stellen, daß das Ego-Denken in Stirn und Hinterkopf losläßt bis in die Tiefe der Schale des Lichts hinein, wo es mit dem Fühlen in Verbindung kommt und sich auf universale Vibrationsmuster einstimmen, mit ihnen mitschwingen kann. Denn sobald dies geschieht, erfährt der Mensch einen Zustand des Einsseins mit dem Kosmischen.
Bei der Arbeit in großen Gruppen, in der wir miteinander ein kraftvolles Energiefeld aufbauen, in dem jedes Mitglied der Gruppe mitschwingt, geschieht es häufig, daß Übende durch die verstärkte Energie im Einssein alles auf einmal verstehen und annehmen.
So lösen wir auch die Prägungen, die Todeserfahrungen in uns, bis tief in unsere Körperzellen, hinterlassen haben, und wir fühlen uns von der Angst bereitenden

Vorstellung befreit, daß das Leben mit dem Tod aufhört. Stattdessen werden wir uns bewußt, daß wir durch die Transformation auch außerhalb des Körpers auf verschiedenen Ebenen bewußt weiterleben können. Und wie wir erfahren haben, daß wir im Lösen von Negativem und indem wir neue Energien empfangen, unseren Körper erneuern können, so verstehen wir nun auch, daß wir nach dem Tod, nach einer gewissen Zeit, uns von neuem verkörpern.

Immer wieder erfahre ich, wie in der Arbeit, sei es zu zweit oder in Gruppen, Schwierigkeiten gelöst und Probleme geklärt werden, wie die Chakras in harmonischem Energiemuster mitstrahlen, so daß physische Erleichterung und Heilung bewirkt werden. Dabei sorgt das eigene Energiesystem des Körpers dafür, daß alle in unseren Organen, in bestimmten Zellen noch verbliebenen »Erinnerungen« aus früheren Leben herausgelöst und ausgeschwemmt werden. Danach stellt sich ein Gefühl des Befreitseins, der Schwerelosigkeit und vermehrten Vitalität ein.

In der Arbeit mit mir in Einzel- oder Gruppensitzungen erfahren die Menschen, daß sie die Verstorbenen loslassen können, daß in Wirklichkeit niemals irgendwer oder irgend etwas verlorengeht, und daß es keine Trennung und auch keine Distanz gibt. Wenn wir geübt sind, können wir an jedem Ort und zu jeder Zeit nicht nur mit anderen Menschen kommunizieren, sondern auch mit Wesenheiten auf geistigen Ebenen. Wenn wir doch nur Augen hätten, die sehen könnten, so würden wir bemerken, daß wir niemals allein sind, sondern umgeben von Wesenheiten, die uns führen, uns in Liebe zugetan sind und uns beschützen: sie versuchen uns zu leiten und zu

helfen, damit wir auf dem richtigen Weg bleiben, der zum Ziel unserer Bestimmung und unseres Auftrags führt.
Wir leben und wirken zwischen Energiefeldern und zwischen Energiepolen. Wenn wir unsere Angst vor dem Tod losgelassen haben, strömt von selbst neue Energie in uns herein. Es sind diese neuen Energien, die zu unserer Bewußtseinserweiterung beitragen. Wir sind uns dann bewußt, einen Weg zu gehen, der uns Dimensionen weiter bringt, über das irdische Leben hinaus. Dadurch erfassen wir, daß das Leben mit dem Tod nicht vorbei und abgeschlossen ist, sondern daß es in anderen Räumen des Bewußtseins weitergeht.
Alle Formen des Loslassens lernen wir. Das ist schwer, denn unser ganzes Leben ist geformt aus Energieprozessen, die sich wieder entflechten werden – das ist es, was wir Tod nennen.
Unser physisches Selbst muß sterben, damit die Energie wieder freigesetzt wird. Alle Materie, vom kleinsten subatomaren Teilchen bis zum größten Himmelskörper, entwickelt sich fortwährend und löst sich wieder auf. So unterliegen auch unser Körper und andere Aspekte unserer persönlichen Ganzheit dem ständigen Wechsel von Tod und Wiedergeburt – eine Tatsache, die auf verschiedenen Ebenen bezeugt wird: durch das Entstehen und Absterben von Zellen und durch den Wandel unserer Persönlichkeit. Wahre Evolution besteht im stets weitergehenden Ablösen von der Form, bis der physische Tod uns auch vom Körper trennt.
Das geschieht, indem wir alles Starre und Versteinerte, alles Unterdrückte in uns loslassen, es transformieren in eine sehr feine Energie, es lebendig machen in Ener-

gieschwingungen, die den Körper reinigen und vitalisieren, so daß das weiße Licht uns durchstrahlt.
So ist der Tod nicht nur Ausdruck der äußersten Entfremdung von der Ganzheit oder das Endstadium einer Krankheit, sondern auch Befreiung von der Form und Wegbereiter für die Rückkehr in den Geist. Der Tod ist die Erfahrung eines Durchgangs, ein Überschreiten von Grenzen zwischen verschiedenen Dimensionen des Lebens und der Wirklichkeit, eine Art Tunnel, Schleuse oder auch Brücke zu einem höheren, unbegrenzten Raum.
Wenn wir uns auf das Sterben und den Tod vorbereiten möchten, atmen wir vom kosmischen Auge her das weiße Licht ein und aus und erschließen auf diese Weise in uns ein zeitloses Energiefeld, das uns immer mehr durchdringt. Es ermöglicht uns nicht nur den künftigen Übergang über die Schwelle des Todes in andere Bewußtseinsdimensionen, sondern auch karmische Lösungen, Antworten auf tief in uns vorhandene Fragen und Lichterlebnisse; es vermittelt uns Einsicht und Bewußtheit, so daß wir dem Tod gelassen und aufrecht begegnen können.
Wenn wir so kontinuierlich in Verbindung mit dem höheren Selbst bleiben, verdrängen wir den Tod nicht und lassen uns nicht ängstigen. Die kosmischen Energien, die durch das vergrößerte kosmische Auge in uns hineinströmen und sich in uns ausbreiten, lassen uns von innen heraus glänzen und strahlen. In dieser strahlenden weißen Energie gehen wir ohne Angst von einer Ebene zu einer anderen, wie Segelschiffe, die den einen Hafen verlassen, um einen anderen zu erreichen.

16 Kranksein

Wenn Leute zu mir kommen, um den inneren Weg kennenzulernen, fällt mir immer wieder auf, daß es den gesunden Menschen nicht gibt. Aber auch dies erlebe ich immer wieder: daß Kranksein die Menschen heilungsfähig macht, und daß jeder innerlich spürt: »Die Krankheit hat wesentlich etwas mit mir zu tun.«

Kranksein ist viel mehr als ein Fehlverhalten des Körpers, sie ist Teil eines umfassenden Regelsystems, das im Dienste des Evolutionsweges steht. Der Mensch ist in sich verteilt und zerrissen, ihm fehlt die Einheit. Das Ego, das kleine Ich lebt von der Abgrenzung und hat Angst vor der Hingabe, vor der Liebe und vor der Ganzheit. Das Ego entscheidet und wirft den Schatten nach außen, zum Du hin, auf die Umwelt. Unser Dunkles flößt uns Angst ein. Denn der Schatten beinhaltet all das, was unserer Welt zum Heilwerden fehlt; so macht er uns unheil, krank.

Der Schatten macht uns unehrlich, denn allzu gern glauben wir, immer nur das zu sein, womit wir uns identifizieren, das »Ideal-Ich«, als das wir uns selbst sehen möchten. Ein solches, unehrliches Selbstbild kann nur durch Begegnung mit dem Schatten korrigiert werden. Dies aber erfordert Mut. Wir lernen es, indem wir die Spiegelung unseres Schattens im Körper, im Symptom wahrnehmen und dabei erfahren, was wir bewußt nicht leben wollten. So werden wir gezwungen, das Abge-

wehrte dennoch anzuschauen und in Wahrhaftigkeit auf uns selbst zu beziehen. So hart dies auch manchmal für uns sein kann – nur durch eine solche Konfrontation wird es möglich, die Schattenaspekte unserer Seele zu integrieren, sie zu leben, zu verwirklichen.
So ist es das Wunder des kosmischen Auges, der realen Verbindung zwischen unserem Wesen und Gott, wodurch wir uns zu sehen vermögen, wie wir sind, das uns Selbsterkenntnis lehrt, uns zur Selbstwerdung, zur Ganzheit führt. Vom Selbst aus lernen wir frei und offen zu sprechen, schonungslos auch über das, was wir verdrängt haben und was dunkel in uns lebt. Auch lernen wir, unsere Schuld zu akzeptieren, denn der Weg zum Heilwerden führt durch die Schuld hindurch, und dies ist es, was ihn so schwer macht. Helfen kann uns dabei das Ausatmen zwischen achtem und neuntem Chakra, um uns und mitten durch uns hin, wobei wir lernen, von der Tiefe her loszulassen, leer zu werden, so daß mit der Einatmung Neues in uns hineinströmen kann. In dieser Weise erfahren wir über das kosmische Auge und in Verbindung mit Gott Erneuerung, Neugeborenwerden.
Dieses Neugeborensein hilft uns immer wieder, unser Ego mit dem wahren Selbst zu verbinden und den Blick auf unseren Schatten zu richten. Wir verstehen nun, daß es unsere Symptome sind, durch die sich die dunklen Aspekte von Seele und Geist in unserem Körper spiegeln: das, was im Schatten liegt, was uns in Wirklichkeit noch fehlt. Und deshalb gilt es, mutig und achtsam durch unsere Probleme hindurchzugehen und uns nicht vorzumachen, sie seien schon gelöst.
Wir müssen bereit sein, eigene Auffassungen und Vorstellungen wahrhaftig anzuschauen, und bewußt zu inte-

grieren versuchen, was die Spiegelung im Körper uns sagen will.
Heilwerden ist immer mit Bewußtseinserweiterung und Reifung verbunden, mit dem Wahrnehmen und Kontrollieren der eigenen Energiesysteme vom kosmischen Auge her. Wir lernen nun auch, sie bewußt einzusetzen, auch im Zugehen auf die Umwelt, und wir erfahren, wie wir unsere Energie steuern können und wie wir Impulse von außen auf uns einwirken lassen. Dabei geht es auch darum, Streßfaktoren, physische und psychische Gefahren und Belastungen, die das Gleichgewicht des Organismus stören könnten, bewußt fernzuhalten. Jedoch reagiert der Mensch nicht erst auf die tatsächliche Gefahr oder Bedrohung, sondern bereits auf die Vorstellung oder Befürchtung einer solchen Situation. Es ist die höhere Energiefrequenz im Körper und durch die geöffneten Poren nach außen ausstrahlend, die schützend wirkt. Unser menschlicher Körper ist ein wunderbares Energiesystem, das in seiner Reichweite nicht nur auf der physischen Ebene, sondern in subtiler Weise auch auf der spirituellen und mentalen Ebene wirksam ist (siehe auch mein voriges Buch »Das Licht in uns«).
Wir müssen uns der Funktionsweise unseres Energiesystems bewußt werden; das hilft uns auch, unseren physischen und unseren emotionalen Körper von der Tiefe der Schale aus im Gleichgewicht zu halten. Um heil sein zu können, müssen wir uns mit unserem eigenen Energiesystem und seinen Rhythmen genauso vertraut machen wie mit denen der Umwelt und unserer Erde.
Um auch in unserem alltäglichen Leben auf den höchsten Frequenzen zu schwingen, muß unser Energiesystem als ein Instrument optimal funktionieren. Wir errei-

chen dies durch getreues tägliches Üben. Andernfalls schwingen wir auf niedrigen Frequenzen, wo wir Gefahr laufen, uns zum Beispiel von Angst, Ärger, Wut oder Verzweiflung beherrschen zu lassen oder durch Alkohol oder ähnliches in physiologische Disharmonien zu geraten. Immer wieder müssen wir uns durch die meditativen Übungen und durch Meditation sowohl körperlich als auch seelisch reinigen. Dadurch erhöht sich unsere Sensibilität, wir werden uns unseres höheren Selbst bewußter und mehr und mehr eins mit ihm. Damit verfeinert sich unser Energiesystem, baut sich aus und wird intensiver. So lernen wir jeden Tag, sei es in der Meditation, bei der Arbeit im Haushalt, beim Autofahren oder vor einer wichtigen Konferenz, die Verbindung mit dem Selbst aufzunehmen und uns auf dessen Energieschwingung einzulassen. Wir lernen, uns kurz nach innen zu wenden, tief durchzuatmen und einfach unser höheres Selbst zu bitten, sich bemerkbar zu machen.

Heilen ist immer Heiligen, wodurch eine oder mehrere Dimensionen vom kosmischen Auge her berührt werden.

In dieser Weise lernen die Menschen, sich mit einer noch nicht bekannten und noch nicht akzeptierten Wirklichkeit vertraut zu machen. Der Kranke lernt durch die meditativen Übungen und durch Meditation in Harmonie mit der Krankheit zu sein und »ja« sagen zu können. Wir lösen negative Energien und schaffen in uns zugleich neue Energie, die zur Bewußtseinserweiterung beiträgt. Dabei werden wir auf uns bisher unbekannte Erkenntnisebenen gehoben, und wir erfahren, daß Geburt und Tod nichts weiter als bestimmte Durchgänge von einer Ebene zu einer anderen bedeuten.

17 Transzendieren der physischen Grenzen

Im letzten Kapitel habe ich mich mit dem Kranksein und mit unseren Symptomen als Spiegelung seelisch-geistiger Prozesse in unserem Körper befaßt. In diesem Kapitel möchte ich zeigen, wie am Anfang einer Krankheit Energieprobleme stehen.

Daß viele Krankheiten vermieden werden können, wenn wir unsere Abwehrkräfte stärken, ist bekannt. Wie aber kann dies wirksam geschehen? Wir müssen lernen, die Chi-Kräfte in uns zu bewahren, sie zu vermehren und zu stärken, so daß wir Blockaden beseitigen und für ständige ausreichende Energiezufuhr sorgen können.

Die Chi-Energie ist eine für jeden erfahrbare subtile Lebensenergie, eine Heilkraft, die nach einem bestimmten Muster durch unseren Körper fließt und dabei beiden, Körper und Geist, innere Kraft zuführt.

Wenn wir die hauptsächlichen Energiekanäle in unserem Körper öffnen, können wir die eigene Energie meistern, erlangen wir mehr inneres Gleichgewicht und mehr Selbsterkenntnis. Wir lernen, erdverbunden zu sein und die Kluft zwischen Verstand und Seele, zwischen Geist und Körper und zwischen Wissenschaft und Religion zu überwinden.

Durch die tief entspannenden Übungen und das Atmen vom kosmischen Auge her werden die elektrische Aktivität der Großhirnrinde und das übrige Zentralnervensystem beruhigt, so daß die kosmische, die Chi-Energie frei und ungehindert fließen kann, wohltuende physiologische Veränderungen, auch von Streß-Zuständen, positiv wahrnehmbar werden. Wenn wir getreu üben, beginnt der Körper in höherer Energiefrequenz zu vibrieren, und wir nehmen diese Energie wahr.

Die unaufhörlich fließende kosmische oder Chi-Energie verbindet Hirnfunktion, Organe und Gewebe miteinander zu einer Einheit, zur Person. So läßt die Chi-Energie eine tiefere Beziehung zwischen uns und unserer Umwelt entstehen, und wenn wir die Energiewege in uns und zwischen uns und der Außenwelt freihalten, gibt es keine Störungen unseres emotionalen Gleichgewichts, wir leben in Harmonie, und Krankheiten sind dann selten.

Es sind die Blockaden in den natürlichen Bahnen der Chi-Energie, die zu physischen und psychischen Verspannungen in unserem Körper führen, und wir sind dann nicht mehr vom kosmischen Auge her mit dem Kosmischen verbunden. Wenn solche Verspannungen andauern, werden sie zu Verhärtungen. Man fühlt sich dann erschöpft und schwach.

Lernen wir jedoch, durch starke Energien in uns das Gleichgewicht von Yin- und Yang-Energie herzustellen, dann wirkt die ungeteilte heilende kosmische Energie wieder durch uns hin, und unsere Vitalität kehrt zurück. Dies habe ich in meinen bisherigen Büchern beschrieben und dazu, dem jeweiligen Grad des Geübtseins entsprechend, Übungen angegeben; wer alle vier Bände gründlich durchgearbeitet hat, kann die höhere Energiefrequenz, ohne Schaden zu befürchten, aufnehmen und sich von seinen Blockierungen befreien.

Wenn wir über die Energiebahnen unseres Körpers, die Kanäle der Akupunktur-Meridiane, ständig genügend kosmische Energie in uns aufnehmen, dann wird jedes Organ mit so viel Energie versorgt, daß es optimal funktionieren kann und in harmonischer Verbindung mit dem Körpergeschehen bleibt.

Übung

In diesem Zusammenhang möchte ich noch auf die beiden Haupt-Energiebahnen eingehen, die durch die Wirbelsäule und durch die Vorderseite des Körpers verlaufen: den Gouverneur- (Lenker-)Meridian und den Konzeptions-Meridian; beide gehen aus vom Hui-Yin-Punkt im Damm (Perineum) in der Mitte zwischen Rektum und Vagina bzw. Penis, und zusammen bilden sie einen Energie-Kreislauf durch unseren Körper hin: der Gouverneur-Meridian bis hinter den Schneidezähnen im Gaumen und der Konzeptions-Meridian bis in den Unterkiefer mitten zwischen den Schneidezähnen. Beide verbindet, wie eine Brücke, die Zunge, wenn sie mit der Spitze hinter den oberen Schneidezähnen den Gaumen berührt; wer das Segel des Gaumens kennt (hoch oben im Gaumen), der legt die Zungenspitze dorthin.
Deutlich spüren wir dann, wie der große Nierenpunkt (Nieren 1) und wie sich eine Stelle mitten im Damm, der Hui-Yin-Punkt, mit öffnet, wodurch viel Energie frei wird. Immer versuchen, an der Stelle, mit der wir gerade arbeiten, anwesend zu sein und wahrzunehmen, was dort geschieht – auch dadurch nimmt die Energie zu.
Wenn wir dann einatmen und die Schale formen, so daß sie direkt zu einer Kugel heilender Erdekräfte wird,

breitet sich das Chi, die kosmische Energie, von selbst weiter nach oben hin aus zu einer Eiform, einem geschlossenen Energiekreis um uns herum.
Durch das Öffnen der beiden Meridiane werden alle Organe vermehrt mit Chi versorgt; auch das Nervensystem und alle Zellen werden mitgenommen in diesem Lebensstrom, so daß sie besser funktionieren und geheilt werden.
Wesentlich ist aber, und das ist heute, wo viele einen voll besetzten Tag haben, oft schwierig, vor allem dies: Wir müssen einen Teil unserer Zeit zum Üben freihalten, und zwar regelmäßig und, wenn irgend möglich, immer zur selben Zeit.
Dazu gehört auch, daß wir morgens nicht gleich aus dem Bett springen, sondern unsere Augen noch geschlossen halten, um uns nach innen zu wenden und in unsere inneren Räume zu schauen:
zwischen unserer Haut vorn und unserem Körper, und langsam spüren, wie der Körper transformiert in Energie.
Wir ziehen unsere Mundwinkel hoch, als lächelten wir nach innen, und wir spüren die Stellen, die verspannt sind, wo negative Stimmungen in positive verwandelt werden müssen, wo Organe noch nicht wach genug sind, um über Tag gut zu funktionieren.
Wir tasten den Raum von Nacken, Hals und Kehle ab und nehmen die tiefe Verbindung zwischen der Mitte des Kinns und des Unterkiefers und unserer Halskuhle wahr.
Von dorther ist der Raum des mystischen Herzens frei, sind alle Blockaden zwischen Brustbein und Wirbelsäule gelöst. Wir atmen frei aus, und das Herz entspannt

sich: durch unsere Aufmerksamkeit und durch die warme Strahlung unserer Augen öffnet es sich.
Auch das Visualisieren der von rechts in uns hinein und durch uns hin strahlenden Sonnenenergie trägt zur Entspannung bei.
Wir legen unsere linke Hand auf den Unterleib, mit dem kleinen Finger gegen das Schambein, und den rechten Zeigefinger legen wir entspannt auf den Nabel. Vom kosmischen Auge her atmen wir ruhig ein und aus.
Unsere Aufmerksamkeit geht vom Raum des Brustkorbs durch die Gebiete von Zwerchfell und Magen, durch das Nabelgebiet zum kosmischen Auge und zur Tiefe unserer Schale.
Wir nehmen die Innenseiten der Sitzhöcker wahr und spüren, wie sich das kosmische Auge vergrößert bis hin zum letzten Steißbeinwirbel, einem Tor von Leben und Tod.
Spüren, wie die Haut nirgendwo eine Grenze ist, wie sie mitatmet mit den kosmischen Energien und wie warm die im Durchstrahltsein zur Einheit gewordenen Räume von Nabel und Schale bis zum Beckenboden hin all unsere Organe und auch das Gehirn und die Wirbelsäule mitgenommen haben. Schmerzen, Stauungen, Mangel an Energie, ob körperlich, seelisch oder geistig, verschwinden.
Indem wir so unseren Körper bewohnen, lernen wir, schon ehe wir den Tag beginnen, wie wir durch Beherrschen unserer Energie negative Faktoren von uns fernhalten können:
Wir konzentrieren unser Bewußtsein auf Stellen, die blockiert sind, und durchstrahlen sie – lächelnd – so

lange, bis die Energieströme ungehindert fließen, durch ausreichende Blutzufuhr die Organe mit Nährstoffen versorgt werden, die Drüsen und Hauptleitbahnen funktionieren und Giftstoffe abgeführt werden können.
Von der entspannten Schale aus steigen wir abwärts in die Räume der Oberschenkel. Wir nehmen die vordere Seite wahr, an der die Stirn mit dem denkenden Ich, dem Ego, spiegelt, und auch die hintere Seite der Oberschenkel, wo der Hinterkopf mit dem Ego-Denken spiegelt. Wir bleiben dort mit unserer Aufmerksamkeit, bis wir spüren, daß die Räume der Oberschenkel frei und durchstrahlt sind.
Wir gehen dann weiter zu den Knien. Vor dem Knie, in der Mitte, ist ein kleines Chakra, das tief verbunden ist mit dem letzten Steißbeinwirbel, dem Tor von Leben und Tod, und zwei weiteren Toren von Leben und Tod etwa unterhalb der Hüftgelenke, zu denen man von den Kuhlen der Gesäßbacken aus tief und breit hineingeht. Viele Menschen, die nicht ausatmen und nicht zur Erde hin loslassen können und dadurch Schwierigkeiten beim Gehen haben, können erst auf diese Weise alte, schmerzhafte Verspannungen lösen.
Wenn wir die Hüftgelenke mit unseren Händen abstreifen, spüren wir sogleich, wie kräftige Energieströme durch die Oberschenkel zu den Knien fließen: zu dem kleinen, aber starken Chakra mitten vor dem Knie, das immer geöffnet sein muß, dann weiter zu dem kleinen, aber starken Chakra mitten in der Kniekehle und zu dem »Urauge« zwischen Knie und Schienbein; von dort aus zu den geöffneten Fersentoren (Achillesferse, verbunden mit den Knöcheln der Fußgelenke, innen und außen), zu den beiden transformierten Chakras oben auf

dem Fußgelenk und auf dem Spann und auch zu den Chakras mitten in der Fußhöhle, bis hin zum neunten Chakra.

Wenn wir so durch die Räume unseres Körpers und das Netzwerk all seiner Energiebahnen geführt werden, scheint es, als brauchten wir Stunden, um so tief zu entspannen, aber in dem Maße, in dem unser Körper sich öffnet und auch im normalen Alltag durchströmt bleibt, geht es schneller, bis dann sogar zehn Minuten oder eine Viertelstunde genügen, um in dieser Weise zu entspannen.
Dabei ist man vom kosmischen Auge aus transformiert in Energie, es gibt keine Entfernungen mehr, und das Verwandeltsein des Körpers erleichtert uns das Reinigen und verbindet alle Körperkanäle miteinander.
Wenn wir dann ausatmen durch die transformierten Füße zum neunten Chakra hin und mit den Energien mitgehen, dann öffnet sich der Scheitel zum achten Chakra, unserem Himmel.
Wir spüren dann, wie wir zur Einheit werden durch die verstärkte Kraft, die entsteht, wenn die Yin- und Yang-Energien aus unserem Körper sich mit der Yang-Energie aus dem Himmel und der Yin-Energie aus der Erde verbinden. Wir sind dann im Tao, in Harmonie.
Jetzt schauen wir bei geschlossenen Augenlidern zwischen Haut, Brauen, Stirn und Scheitel nach hinten; an der Rückseite hinunter, entlang der Wirbelsäule, unserem Kontrollzentrum. Mit den erwärmenden und vitalisierenden Energien, die von dort aus zu unseren Organen fließen, können wir diesen helfen, wirksamer zu funktionieren.

Dafür müssen wir gerade sitzen oder innerlich gerade liegen und innen, durch die Wirbelsäule hindurch, aufmerksam Wirbel für Wirbel hinuntergleiten: durch die sieben Nackenwirbel, durch die zwölf Brustwirbel, durch die fünf Lendenwirbel, das Kreuzbein und das Steißbein. Jedem Wirbel geben wir Aufmerksamkeit und Wärme. Wir nehmen die Steigerung der Energie wahr, die zunehmende Lebendigkeit. Durch die Wirbelsäule wird ein wesentlicher Teil unseres Zentralnervensystems geschützt.
Wenn jeder Wirbel entspannt ist und warm und ausstrahlend wie eine kleine Sonne, setzen wir uns aufrecht und bequem hin für die Meditation.
Vom letzten Steißbeinwirbel strahlen die kosmischen Energien weiter durch die Haut der Hinterseiten der Beine und Füße hin, durch die Zehen und zwischen den Zehen hindurch, zum neunten Chakra.
Wenn wir vom Nabelzentrum bis tief in die Schale, zum Beckenboden hin schauen, erfahren wir den Energiekörper, der wir geworden sind – bis weit außerhalb der Haut und zwischen achtem und neuntem Chakra.

Gott
Geist der Stille
Geist des einfließenden Lebens
Geist des glühenden Lichts
Geist der wiederkehrenden Kraft
Geist der liebenden Wahrheit
Geist der wahrenden Liebe
Geist des Ganzseins
Geist der Hoffnung

lebendiges Wasser
Heiliger Geist
ich danke dir.

Pfarrerin (Schweiz) (aus: Drutmar Cremer (Hrsg.), »Sing mir das Lied meiner Erde«. Würzburg: Echter/Calwer, 1978, S. 185.)